KB070238

특종의 탄생

조수진 기자의 취재 인사이드

나남
nanam

나남신서 1973

특종의 탄생
조수진 기자의 취재 인사이드

2018년 9월 10일 발행
2018년 9월 10일 1쇄

지은이   조수진
발행자   趙相浩
발행처   (주) 나남
주소   10881 경기도 파주시 회동길 193
전화   (031) 955-4601 (代)
FAX   (031) 955-4555
등록   제 1-71호 (1979.5.12)
홈페이지   http://www.nanam.net
전자우편   post@nanam.net

ISBN 978-89-300-8973-9
ISBN 978-89-300-8655-4 (세트)

책값은 뒤표지에 있습니다.

이 책은 관훈클럽신영연구기금의 도움을 받아 저술 출판되었습니다.

나남신서 1973

특종의 탄생

조수진 기자의 취재 인사이드

나남
nanam

추천사

—

검사와 기자는 많이 닮았다. 정의를 좇고 의혹엔 집요하며 상대가 누구든 실체적 진실을 캐내야 한다. 누군가의 치부나 부정을 밝혀낸다는 것은 인간적으로는 괴로운 일이어서 마음이 편치 않을 때도 많다. 조수진 기자는 프로 기질이 투철하다. 업무에 철두철미하지만, 잘못을 지적하면 거침없이 받아들인다. 이 책은 기자의 호기심, 정의감, 진실을 밝히기 위한 노력이 때로는 정국의 물굽이를, 때로는 바뀔 것 같지 않던 제도도 바꿀 수 있다는 사실을 드라마처럼 펼쳐 보인다.

— 송광수 (전 검찰총장)

조수진 기자는 만 21년 동안 사회부와 정치부 현장을 뛴 민완기자다. 이 책에서 그는 특종 발굴 단계에서부터 기사 작성에 이르기까지 전 과정을 생생하게 보여준다. 청년 시절 기자를 꿈꿨던 나로서는 간접 체험을 한 느낌이다. 개인이 세상을 바꾸긴 쉽지 않다. 그러나 기자는 기사로 세상을 바꿀 수 있다. 기자가 할 수 있는 일은 우리가 상상하는 것 이상으로 크고 많다.

— 정세균 (전 국회의장)

조수진 기자가 정치부 초년병 기자일 때부터 봐 왔다. 그는 성실하다. 주말, 명절 가리지 않고 찾아와 확인을 구한다. 출입처가 어디든 한번 맺은 인연을 놓지 않는다. 취재원을 '인생의 동반자'로 만드는 것도 그의 미덕이다. 이 책은 단순히 한 기자의 보고서나 고백서가 아니다. 기자는 어떻게, 무엇을 위해 사는지, 왜 우리 사회에 없어서는 안 되는 '소금'과 같은 역할을 하는지 생생하게 이야기한다.

— 권노갑 (전 국회의원)

조수진 기자의 말과 글에서는 강단과 결기가 느껴진다. 정치부와 사회부의 현장 구석구석을 발로 뛴 21년, 그 안에는 치열했던 우리 사회의 기록들이 고스란히 담겨 있다. 현상 이면(裏面)에 숨겨진 실체적 진실을 향한 호기심, 끊임없는 고민 그리고 치열한 취재 과정은 기자 본연의 일과 의무, 책임을 생각하게 만든다.

— 박혜진 (전 MBC 〈뉴스데스크〉 앵커)

—

소금은 짜야 한다

2018년 1월로 기자 생활 23년 차를 맞았다. 사안을 논(論)하고 설(說)하는 '논설위원'이라는 직책으로 맞이하는 새해였다. '현장'의 제1선에서 반 발짝쯤 뒤로 물러나게 됐다.

　강추위로 코끝이 찡하던 연초 어느 이른 아침. 적요(寂寥)가 감도는 논설위원실에 들어와 데스크톱 전원을 켜는 순간, 문득 가슴에서 뜨거운 불덩이 같은 기운이 일렁임을 느꼈다. 기사는 어떻게 만들어지며, 취재원과 언론의 길항(拮抗) 관계가 어떤 메커니즘을 거쳐 뉴스로 탄생하는지를 알리고 싶다는 열망이 불끈 치솟은 것이다. 기자라는 프로페셔널 직업인의 삶도 알리고 싶었고 내면세계도 감히 털어놓고 싶었다. 이 지난(至難)한 작업이 나의 작은 사명감으로까지 여겨졌다.

　나는 정치부와 사회부에서만 만 20년 넘게 뛰었다. 이른바 '스트레이트 부서'에서 잔뼈가 굵은 셈이다. 현장에서 접한 권력 집단, 권력자, '사회 지도층' 관련 사안은 언뜻 보면 단순하지만 뜯어보고, 뒤집어 살피고, 깊이 파고들어 따지면 완전히 다른 모습의 사실(fact)이 감추어진 경우가 수두룩했다.

나는 끊임없이 의심하고, 쉼 없이 뒤집어 봤다. 악착같이 물고 늘어져, 끝까지 시시비비(是是非非)를 밝히려 했다. 때로는 그 과정에서 가까운 사람들에게 상처를 입히기도 했다. 서릿발같이 날카롭게 비판하고, 실체적 진실을 밝히려 온몸을 던지는 것이 기자의 업이요 소명이라 믿기에 그분들에 대한 부담감을 떨칠 수 있었다.

2005년 1월, 대검찰청에 출입할 때였다. 파렴치한 재력가의 비리에 맞서 싸우는 열혈 검사 강철중의 활약상을 그린 영화 〈공공의 적 2〉가 대검찰청에서 첫 일반 시사회를 열었다.

대검찰청 출입기자들을 만난 강우석 감독은 사회의 벽처럼 버티고 서서 부와 권력을 위해 수단과 방법을 가리지 않는 자야말로 진짜 공공의 적이 아닐까 생각한다고 했다. 기자들에게도 한 방을 날렸다. '근성'을 잃어버린 기자는 공공의 적이 될 수 있다고. 차기작에서는 기자를 공공의 적으로 다룰 수도 있다고.

그렇다. 소금은 짜야 소금이다. 달달한 설탕이 될 수도 없으니, 짠맛을 잃은 소금은 쓸데가 없다. 기자는 우리 사회의 소금이다. 소금이 소금답지 못하면 우리 사회와 권력은 부패할 것이다.

'이것이 기사다', '기자는 이렇게 취재해야 한다', '특종은 이렇게 만들어진다' 하는 것을 한마디로 정리하기란 불가능하다. 대신 20여 년간 내가 경험한 사건 중에서 몇 가지를 골라 소개하고자 한다. 어떻게 취재했고, 어떻게 난관을 돌파했으며, 기사라는 완제품이 나오기까지 어떤 과정을 거쳤는지 있는 그대로 이야기할 것이다.

한국기자협회의 〈이달의 기자상〉, 한국여기자협회의 〈올해의 여기자상〉, 〈최은희 여기자상〉, 〈동아일보 특종상〉 등 수상작들을 중심으로 전개했다. 그것이 객관성에도 부합한다고 봤다.

기자는 하루살이다. 아침이 밝으면 전날은 잊는다. 다시 무섭게 '오늘'에 집중한다. 지난 일을 반추하며 뭔가를 기록하기가 쉽지 않다.

현장기자 시절을 돌이켜 볼 수 있었던 건 프랑스 파리(2016년 8월~2017년 7월)에서의 시간 덕분이었다. 1년간의 연수 기간, 매일 하루를 마무리할 때에 지난날을 떠올리면서 끼적거려 놓았던 메모들이 책의 출발점이 됐다.

초등학생 아들을 데리고 짐 가방 몇 개만으로 시작한 파리 생활이 아름답지만은 않았다. 14평짜리 원룸 아파트에 세 들어 사는 연수생의 호주머니는 가벼웠고, 매일매일 헤쳐 나가야 할 일도 많았다.

그럼에도 아름답고 소중한, 어쩌면 다시는 오지 않을 것 같은 시간이었다. 해 보지 않은 일을 하나둘씩 해 볼 수 있는 시간이 있었기 때문이다. 아이를 학교에 데려다 주고 집 근처 공원(Georges Brassens, 프랑스 국민 가수 조르주 브라상의 이름을 그대로 가져온 곳이었다)에 들른 것도, 거리에 핀 개나리를 꺾어 식탁 위 빈 병에 꽂아 본 것도 처음이었다. 오래된 회색돌 건물에 쏟아지는 햇살을 한동안 바라본 것 역시 처음이었다. 아침부터 밤까지 잠시 쉴 틈도 없이 전개되던 현장기자 생활도 "그땐 그랬지…" 하며 빙그레 입꼬리 올리며 떠올려 볼 수 있었다. 휴식이란 그런 것이다.

기자는 태어나지 않는다. 만들어진다. 쓸 만한 기자, 한 사람 몫을 하는 기자로 만들려 나의 수습 시절부터 애써 준 많은 선배들, 동료들에게 마음속 깊이 감사드린다. 수습 때 나는 사고뭉치, 미련한 곰이었다. 입사 사흘 만에 폭탄주 사고로 한 달간 입원, 수술을 받았다. 복귀 1주일 뒤엔 팔을 세 군데나 부러뜨려 석 달 동안 깁스를 했다. 감(感)도 느리고, 눈물도 많았다. 검거 기사와 발생 기사를 구분하는 것만 해도 동기들보다 훨씬 오래 걸렸다.

시니어가 되어선 일에 지나치게 깐깐했다. 믿고 견디어 준 여러 후배들에게도 고마움을 전한다.

취재원으로 만난 분 중에는 인생의 동반자가 된 멋진 인물들이 많다. 특정 사건 중심으로 책을 기술하다 보니 그분들 중 상당수가 등장하지 못했다. 미안함과 함께 감사의 마음을 전한다.

졸고의 출판을 흔쾌히 수락한 '언론 의병장' 조상호 나남출판 회장, 집필 방향을 조언한 〈동아일보〉 선배 고승철 나남출판 주필 겸 사장, 정성 들여 책을 만든 정지윤 편집자 등 편집진에게 감사드린다.

나는 '기자'이면서 '아줌마'다. 기자로 산다는 건 힘든 일이지만 '아줌마 기자'로 산다는 건 더 힘들다. 기자이면서 엄마이자 아내여야 한다. '투잡스'다. 둘 다 잘하기가 불가능하다.

" '기자 남편' 하기가 이렇게 힘들 줄 몰랐다"고 가끔씩 투덜거리지만 묵묵히 지켜봐 준 남편 윤호경, '기자 엄마'를 둔 죄로 어릴 땐 떨어져 지냈고, 지금껏 생일 한 번, 크리스마스 한 번을 마음 놓고 같이 보내지 못한 아들 인준에게 이 책을 바친다.

2018년 여름, 한반도 기(氣)의 중심지 광화문에서

조수진

차례

ρ

— 제 1부 기자는 탐정이다 —

⚖

— 제 2부 공익과 인간관계 사이에서 —

— 제 4부 좌충우돌 올챙이 기자 시절 —

제 **1** 부

기자는
탐정이다

정윤재 게이트 특종보도
2007년 8월 28일

청와대에 출입하던 2007년 8월 8일. 출근 준비로 부산하던 오전 8시, 문자 메시지를 받았다. 청와대였다.

남북정상회담 관련, 오전 10시 춘추관(春秋館)[1]에서 발표(엠바고)[2]

남북정상회담은 2000년 6월 김대중 대통령과 김정일 국방위원장 간첫 회담 이후 7년 만이었다. 집권 초반부터 여러 채널을 통해 추진해 온남북정상회담이 임기 말, 그것도 대통령 선거가 120여 일 남은 시점에 전

---

1) 청와대 내 프레스센터. 이름은 고려 및 조선시대에 역사 기록을 맡아보던 춘추관, 예문춘추관에서 따왔다. 역사를 엄정하게 기록한다는 의미가 담겼다.
2) 뉴스에서의 엠바고(embargo)란 취재는 하되 정해진 시간까지는 보도하지 않는 것을 의미한다. 즉, 시한부 보도유보이다.

2007년 8월 8일,
청와대가 출입기자들에게 배포한
남북정상회담 합의문.

격적으로 이뤄지게 된 것이다.

데스크(desk)[3]에 짧게 보고한 뒤 서둘러 춘추관으로 향했다. 대선 구도는 야당인 한나라당이 주도하고 있었다. 여당인 열린우리당은 사실상 해체됐다. 그러나 남북관계가 새로운 이슈로 등장한다면? 좁은 춘추관 마당에 빽빽하게 늘어선 방송사 중계차량 행렬이 사안의 중대성을 보여 주고 있었다.

춘추관 브리핑 룸에 나란히 들어선 사람은 김만복 국가정보원장, 이재

---

3) '에디터'(editor)를 의미하는 언론사 용어. '콩글리시'이다. 주로 내근을 하면서 현장기자들이 보내온 기사를 다듬거나 보완하게끔 지시하는 일을 맡는다. '데스킹을 본 기사'라는 표현은 원고에 에디팅의 과정을 거친 기사라는 뜻으로 이해하면 된다.

정 통일부장관, 백종천 대통령안보실장. A4용지 한 쪽짜리 보도자료가 기자들에게 배포됐다.

2000년 6월 1차 남북정상회담 때에는 개최 사실이 회담 첫날(6월 13일)을 64일 앞두고 발표됐다. 이번엔 회담이 열린다는 발표가 회담(8월 28일) 불과 20일 전에 이뤄졌다. 준비나 접촉이 속도감 있게, 일사천리로 진행돼야 함을 의미했다.

이틀 뒤인 8월 10일 오후 3시 반. 춘추관으로부터 A4용지 반쪽짜리 보도자료가 배포됐다. 정윤재 대통령의전비서관의 사의가 수리됐다는 짤막한 내용이었다. 천호선[4] 청와대 대변인은 정윤재가 고향인 부산에서 총선(2008년 4월)을 준비하기 위해 사표를 제출했으며, 선거 전까지는 부산에 자리한 신라대의 객원교수로 활동할 것이라고 했다.

1963년생 정윤재는 부산대 총학생회장(1986년) 출신이다. 시위로 구속되었던 그의 변호를 맡은 건 노무현 대통령과 가까운 김광일[5] 변호사였

---

4) 1991년 국회의원 노무현의 비서관으로 정계에 발을 들여놨다. 노무현 정부 5년 내내 청와대에서 노무현을 보좌했다. 이명박 정부 출범 후엔 유시민과 함께 국민참여당을 창당했다. 문재인 정부 출범 후에도 정의당에서 친문(친문재인) 그룹과는 일정한 거리를 유지하고 있다.

5) 영화 〈변호인〉에서 주인공인 송우석 변호사(송강호 분)에게 부산 지역 용공조작 사건인 '부림'(부산의 학림이란 뜻) 사건의 변호를 맡아 달라고 요청하는 김상필 변호사는 김광일을 모델로 한 것이다. 1988년 13대 총선 당시 김영삼 통일민주당 총재의 권유로 노무현과 함께 정치권에 입문했지만 3당 합당을 기점으로 노무현과 다른 길을 걸었다. 김영삼 정부 당시 대통령비서실장 등으로 대통령을 지근거리에서 보좌했다. 2010년 별세했다.

2007년 2월 28일, 노무현 대통령이 의전비서관 정윤재(맨 오른쪽)의 안내를 받으며 서울 종로구 세종로 정부중앙청사에서 열린 '정부업무평가 보고 행사'에 참석하고 있다. (사진 = 노무현재단 홈페이지)

다. 정윤재는 김광일을 통해 노무현과 인연을 맺었다.

1988년 노무현이 김영삼 총재에게 발탁돼 13대 국회의원 선거(부산 동구)에 나서자 정윤재는 연설 담당 비서로 합류했다. 김영삼의 '3당 합당'에 반발해 통일민주당을 뛰쳐나온 노무현이 민주당 후보로 14대 총선(부산 동구)에 출마했을 때도 그 곁을 지켰다. 낙선한 노무현이 1993년에 개인연구소인 '지방자치실무연구소'를 열자 정윤재는 정책연구실장을 맡았다. 1995년 부산시장 선거와 2002년 새천년민주당 대선후보 경선 때 부산의 선거캠프를 지휘한 것도 정윤재였다.

노무현이 대통령으로 당선된 뒤에는 대통령직인수위원회 전문위원(정무 분과)으로 기용됐다. 그러나 청와대 입성 대신 총선 출마(2004년 4월 17

대 총선, 부산 사상구)로 방향을 정했다. 그가 청와대에 들어온 것은 2006년 8월, 총선에서 낙선하고 국무총리 비서실 민정 2비서관을 거친 뒤였다. 한마디로 노무현의 오랜 측근이었다.

의전비서관은 대통령과 외국 정상의 회담, 접견, 회동, 통화를 관장하는 자리이다. '회담이란 의전에서 시작해 의전으로 끝이 난다'는 말에서 알 수 있듯이 의전은 국가 간 정상회담에서 가장 중요하다. 그런데 남북정상회담을 목전에 두고 의전비서관직을 그만둔다?

사표를 수리한 시점도 묘했다. 총선을 준비하기 위해 청와대를 떠난 이정호 시민사회수석, 허성무 민원제도혁신비서관, 김은경 행사기획비서관 등은 7월에 사의를 표명했다. 이들의 후임 인사는 8월 3일 한꺼번에 이뤄졌다. 노 대통령의 퇴임 때까지 함께할 문재인 대통령비서실장, 이호철[6] 국정상황실장 등을 제외하고 총선에 나갈 측근들을 정리하는 차원이었다. 그런데 유독 정윤재 의전비서관의 사표만 8월 10일에 수리된 것이다.

신라대 객원교수란 자리가 남북정상회담을 제칠 만큼 매력적인 것일까? 신라대에 직접 전화를 걸어 봤다. 월급 30만 원. 이상하다는 생각은 커져만 갔다.

---

6) 1981년 부림 사건 주동자로 지목돼 구속되었던 인물이다. 영화 〈변호인〉에서는 부림 사건 피해자 임시완의 모델이 되었다. 피투성이였던 이호철을 김광일의 요청을 받아 접견한 세무전문 변호사 노무현은 부림 변론을 계기로 인권 변호사로 거듭난다. 1988년 노무현이 국회의원에 처음 당선된 뒤 보좌관으로 영입한 사람도 이호철이었다.

청와대에서의 일정을 마치고 회사로 복귀했다가 부산 출신 선배를 만나 뜻밖의 이야기를 들었다.

"정상곤이라고 부산국세청장이 구속됐는데 정윤재 원망을 많이 한다고 하네. 들은 거 있나?"

정상곤 부산국세청장? 인터넷을 검색해 봤다. 부산지역 건설업체 사주로부터 세무조사를 무마해 달라는 청탁을 받고 1억 원을 챙긴 혐의(뇌물수수)로 구속…. 구속된 날짜는 8월 10일이었다. 청와대가 정윤재의 사의를 수리했다고 발표한 바로 그날에 정상곤이 구속된 것이다. 순전히 우연일까? 정상곤은 1억 원의 '용처'에 대해 함구했다. 부산국세청장이란 고위직 인사가 입에 빗장을 걸어 잠갔다면 자신보다 힘 있는 사람을 보호하기 위한 것이 틀림없었다.

청와대 '부산 그룹'의 맏형 이호철에게 전화를 걸었다. 정윤재의 사표 수리와 부산국세청장의 구속이 같은 날 이뤄졌더라고 하자 느닷없이 격앙된 반응을 보였다.

"나는 윤재에게 진즉 청와대를 떠나라고 했었다. 하루라도 빨리 나가라고 했는데도 버티더라. '네가 안 나가면 내가 나가겠다'고 했다."

대화를 나눈 시점을 묻자 이호철은 "7월이었던가…" 하고 대답했다. 뭔가가 있었다.

정상곤에게 문제의 건설업체 사주를 소개해 준 사람이 정윤재인 것 같다는 얘기를 운 좋게도 오랜 지인에게서 들을 수 있었다. 부산지검에 확인해 보기로 했다. 김태현[7] 부산지검장과 정동민[8] 부산지검 차장은 대검찰청을 출입할 때 각각 공판송무부장[9]과 대변인이었다. 두 사람은 말을 아꼈지만 정윤재의 '주선 의혹'을 부인하지는 않았다.

남은 것은 정윤재 본인의 해명. 정윤재의 휴대전화 번호가 필요했다.[10] 청와대 춘추관장을 지낸 김현 민주당 부대변인(2018년 현재 더불어민주당 대변인)에게 요청했다. 정윤재는 단번에 받았다.

8월 28일 자 〈동아일보〉 A1면 사이드 톱[11]은 "부산국세청장-건설사 사주 만남, 대통령의전비서관 주선 의혹"이었다.

8월 28일 아침, 부산지검은 브리핑을 열었다. 취재진에게 〈동아일보〉 기사의 제목을 가리키면서 "'의혹'이란 단어를 떼면 된다"고 했다. 정윤재가 정상곤과 건설업체 사주의 만남을 주선한 것이 확실하다는 설명이었다. 검찰 브리핑을 풀어 보면 다음과 같았다.

정윤재는 2006년 8월 9일에 대통령의전비서관으로 임명됐다. 그해 8월 마지막 일요일은 26일이었다. 이날 정윤재는 청와대 근처 한정식 집에서 점심을 먹었다. 동석한 사람은 정상곤과 부산의 건설업체 사주 김상진.

---

7) 1994년 인천지검 특수부장 시절 '세도(稅盜) 사건'으로 불린 '부천 세무비리 의혹'의 수사를 지휘하며 세무공무원 등 78명을 구속한 인물이다. 수원지검 1차장검사였던 2002년에는 분당 파크뷰 특혜분양 사건의 수사를 지휘했다.

8) 공안과 특수 분야를 두루 거쳤다. 송광수 검찰총장 재임 때 '검찰의 입'인 대검찰청 공보관으로 발탁됐다.

9) 검찰에서 형사재판(공판)과 소송업무(송무)를 총괄하는 검사장급 직제.

10) 대통령의 청와대 참모들은 '770'으로 시작하는 관용 휴대전화를 쓴다. 정윤재는 의전비서관을 사임한 상태여서 개인 휴대전화 번호를 알아야 했다.

11) 신문 지면에서 두 번째로 크거나 비중이 높은 기사.

정윤재는 먼저 자리를 떴다. 10분쯤 뒤 나머지 두 사람이 함께 일어섰다. 정상곤이 택시에 오르자 김상진은 1억 원이 든 가방을 뒷좌석에 밀어넣었다. 1만 원권으로 1억 원을 채운 가짜 명품 가방. 정상곤은 가방을 돌려주지 않았고, 김상진의 건설업체에 대한 세무조사는 없던 일이 됐다.

검찰 브리핑이 이토록 자세한 건 이례적인 일이었다. 하지만 검찰은 정윤재의 수사 가능성에 대해서는 "고려하지 않고 있다"고 잘랐다. 뇌물이 오고 간 자리를 만들었고, 동석까지 사람을 수사하지 않겠다? 부산지검 수사팀과의 일문일답을 압축해 옮겨 본다.

— 정윤재와 김상진은 어떤 관계인가?

"식사도 자주 하고 가끔 골프도 치는 사이로 알고 있다. 그러나 세세히 수사하지는 않았다."

— 정윤재가 자리 주선료 등의 명목으로 대가를 받았을 수도 있는데 수사 대상에서는 왜 제외하나?

"정상곤, 김상진 두 사람 다 '정윤재에게 돈을 주지 않았다'고 했다. 정상곤의 영장을 청구할 즈음 정윤재의 사표를 수리해도 되는지 청와대가 물어왔다."

즉, "정윤재에게 사표를 받아 꼬리를 자를 테니 수사는 하지 말라"는 지침이 청와대에서 내려왔다는 얘기였다.

같은 날 오후 2시 30분, 청와대 대변인 정례 브리핑은 '정윤재 사건 청문회장'이 됐다. 천호선 대변인은 "사표 수리를 검찰과 상의한다는 게 가능한 일이냐"며 부인했다. 그러나 오후 6시, 천호선은 정정(訂正)했다.

"민정수석실이 상황을 파악해 본 뒤 정윤재의 사표를 수리해도 문제가 없는지 검찰에 확인했다"면서 "이미 끝난 일"이란 말을 반복했다.

청와대의 태도는 거센 비판을 불러일으켰다. 8월 31일, 부산지검은 전면 재수사 방침을 발표해야 했다. 정윤재를 조사할 계획이 없다고 한 지사흘 만이었다. 재수사에서 정윤재는 정상곤-김상진 간 자리 주선료로 2천만 원을 받고, 별도의 1억 원을 더 받은 사실이 확인됐다.

9월 11일, 노무현 대통령은 긴급 기자간담회를 자청했다.

대체로 제 판단에 대해 비교적 자신감을 가져 왔고 지금까지 크게 틀리지 않았다고 생각해 왔지만 이번에는 판단에 대한 자신이 무너졌다. 그래서 무척 당황스럽고 매우 힘들다. 믿음을 무겁게 가지고 있던 사람에 대한 신뢰가 무너졌을 때 그것이 얼마나 난감한 일인지 짐작할 수 있을 것이다. … (중략) 정윤재가 주선한 자리에서 뇌물이 건네졌고, 고위공무원(정상곤)이 처벌을 받게 된 만큼 아주 부적절한 행위였다. 유감스러운 일이다. 정윤재 본인이 이미 사과를 했지만 그 정도로 책임이 끝나는 것인지, 숨겨진 무엇이 더 있는 것인지는 정확하게 알 수 없다. 검찰 수사 결과 그에게 심각한 불법 행위가 있다면 '측근 비리'라고 이름을 붙여도 변명하지 않겠다. 저와 그의 관계로 봐서 제가 사과라도 해야 될 문제라고 생각한다.

이후 수사 과정에선 정상곤이 세무조사 무마 명목으로 받은 1억 원 중 7천만 원을 상관이자 인사권자인 국세청장 전군표[12]에게 상납했다는 진술이 나왔다. 국세청장 내정(2007년 7월) 직후 축하인사차 들른 정상곤이 인사 청탁과 함께 돈을 건넸다는 것이다. 수사는 '국세청 상납 비리'로까지 옮겨 붙었다. 전군표는 11월 6일 구속됐다. 사상 첫 현직 국세청장 구속이었다.

사건은 '정윤재 게이트'라 이름 붙었다. 한편 2007년 8월 28일부터 사흘간으로 예정됐던 2차 남북정상회담은 10월 2일에 개최됐다. 예정일을 10일 남기고 대규모 수해를 입은 북한이 연기를 요청했던 것이다.

남북정상회담 개최를 앞두고 갑작스럽게 제출된 대통령 의전비서관의 사표 뒤에는 상상하지 못한 많은 일이 숨겨져 있었다. 내가 의심하며 뒤집어 보지 않았더라면 실체적 진실이 드러났을까.

인생의 스승 중 한 분인 송광수[13] 검찰총장은 재임(2003년 4월~2005년 4월) 시절 출입기자들에게 당부했다.

"기자와 검사는 공통점이 있습니다. 끊임없이 의심해야 한다는 겁니다. 심지어는 TV뉴스를 볼 때도 비딱한 자세로 봐야 합니다. '저놈, 참 나쁜 놈인데…', '뭔가 있는 것 같은데…' 이렇게 말입니다."

---

12) 노무현 정부에서 승승장구한 인물이다. 대통령직인수위원회 전문위원(경제 1분과)으로 파견됐다. 강원도 출신 첫 국세청장이다.
13) 갓 임용된 초임 검사 시절 법무부장관과 검찰총장이 주재하는 '유신 교육장'에서 손을 들고 일어나 "검사를 상대로 이런 교육은 앞으로 하지 않았으면 좋겠다"는 소신 발언을 해 이름을 알렸다. 월말에 미제(미해결) 사건이 밀린 부하 검사가 늦게까지 일을 하자 자정까지 함께 남아 있다가 결재까지 하고서 퇴근한 일화는 유명하다. 대선자금 수사(2003년 8월~2004년 5월) 당시 검찰총장으로 여야와 정파를 가리지 않는 원칙적인 수사를 보여 줬다.

정윤재, 그 후

📷

정윤재는 2008년 10월 형기(징역 1년)를 마치고 출소했다. 이후 '노무현
재단'의 사무처장을 맡아 문재인 이사장(2018년 현재 대통령)을 보좌했다.
정윤재가 옥중에서 면회 온 사람들에게 조수진 기자를 원망하더라는 얘
기를 전해 들은 터였기에, 나는 진심으로 그의 정치적 재기를 바랐다.

그러나 2012년 1월, 정윤재는 다시 검찰에 구속됐다. 대통령 의전비서
관이던 2007년에 파랑새저축은행으로부터 예금보험공사의 자금지원을
받게 해 달라는 청탁과 함께 현금 1억 원을 받은 사실이 확인된 것. 저축
은행 비리 수사와 관련해 노무현 정부 인사 중 구속된 인물은 정윤재가
유일했다.

전군표 역시 2013년 8월에 다시 구속됐다. 가석방(2010년 7월)으로 풀
려난 지 3년 만이었다. 국세청장 취임(2006년 7월) 직후 CJ그룹으로부터
세무조사 무마 등의 명목으로 30만 달러(당시 환율 기준 2억 8,397만 원)와
고가의 명품시계 등을 받아 챙긴 사실이 6년여 뒤 들통난 것. 2014년 4월,
대법원은 징역 3년 6개월과 추징금 3억 1,860만 원을 선고했다.

CJ 비자금 수사 특종보도

2008년 9월 24일

2008년 8월 초, 외교부에 출입할 때다. 사건기자로 활동하며 만났던 취재원 A와 모처럼의 저녁 자리를 가졌다.

기자들은 사건기자 시절의 에피소드로 이야기꽃을 피운다. 남자들이 두고두고 군대 이야기를 하는 것처럼. 나는 만 4년 동안 사건기자로 뛰었다(1996년 1월~2001년 6월 사이). 어렵고 힘들었던 그 시절을 함께 뛰었던 타사 기자도 자리에 동석했다. '옛날' 이야기는 쉬 끝나지 않았다.

밤 11시쯤. 자리에서 일어나던 A가 한마디 툭 던졌다.

"경찰이 대기업과 조직폭력이 연계된 사건을 수사하는 것 같더군."

A의 말을 흘려들을 수 없었다. 바로 한 해 전만 해도 대기업과 조직폭력이 연계된 사건이 있었지 않은가. 바로 한화그룹 회장 김승연의 비뚤어진 부정(父情)이 빚어낸 보복폭행 사건이었다.

사건은 2006년 4월 24일 연합뉴스의 단독보도로 세상에 알려졌다. 다음은 당시 기사의 주요 내용이다.

미국 예일대에서 유학 중인 한화그룹 둘째 아들 김 모 씨가 지난 3월 8일 새벽 강남구 청담동 한 룸살롱에서 A 씨 등 옆방 손님 3, 4명과 시비가 붙었다. 김 씨는 이들에게 떠밀려 계단에 구르면서 눈가가 찢어지는 상처를 입고 10바늘을 꿰맸다.

이 소식을 들은 한화그룹 김승연 회장은 20여 명을 동원해 중구 북창동 유흥주점에서 종업원으로 일하고 있던 A 씨 일행을 폭행했다.

서울경찰청은 그달 말 내사에 들어갔지만 진전을 보지 못한 채 남대문경찰서에 사건을 넘겼다. 이 과정에서 외부에 일체 함구할 것을 지시했다고 한다.

사건 발생 한 달 반 동안의 보도…. 취재의 출발점은 피해자의 제보였다. "한화그룹 김승연 회장 일행에게 끌려갔다. 묶인 채 반죽음이 될 정도로 맞았다. '경찰에 신고하면 안 좋을 것'이란 협박도 들었다."

그러나 한화 측은 강력히 부인했다. 법적 대응도 운운했을 것이다. 겁이 났던 걸까, 피해자도 말을 여러 번 바꿨다. 경찰은 모르쇠로 일관했다. 시간이 걸릴 수밖에 없었다.

당장 경찰의 수사 축소·은폐 의혹으로 번졌다. 경찰은 자세한 해명을 내놓았다. "김승연 회장의 둘째 아들은 미국에 유학 중이어서 연락이 되지 않았다." "첩보 내용이 추상적이고 관련자가 특정되지 않아 내사에 시간이 많이 걸렸다."

수사를 안 한 게 아니라 못 했다는 주장이었다. 그러나 김승연의 둘째 아들은 사건 발생 이후 출국 사실이 없는 것으로 확인됐다. 사건 발생 직후 "가해자는 한화그룹 회장 아들"이라고까지 밝힌 112신고가 경찰에 접수되었던 사실도 드러났다. 그러나 경찰의 상황일지엔 "상호 합의. 처벌을 원치 않아 사건 종료"라는 기록만 남아 있었다. 언론계는 기자들을 대거 투입했다. 4월 28일 자 〈동아일보〉 속보를 일부 옮겨 본다.

아들로부터 맞았다는 이야기를 들은 김승연 회장은 사람들을 데리고 청담동 룸살롱을 찾았다. 김 회장은 아들을 때린 사람들을 데려오라고 요구했다. 북창동 유흥주점 종업원 4명이 사과를 하기 위해 오자 이들을 청계산 한 공사장으로 끌고 갔다.

김 회장은 "아들을 때린 사람이 누구냐"고 추궁한 뒤 가죽장갑을 끼고 종업원들의 가슴을 때리고 머리를 쥐어박았다. "내 아들이 눈을 다쳤으니 너도 눈을 맞아야 한다"며 눈 주위를 집중적으로 때리기도 했다.

그러나 아들을 주로 때린 A 씨는 그 자리에 없었다. 김 회장은 다시 북창동 유흥주점으로 향했다. 김 회장은 들어서자마자 "아들을 때린 사람이 누구냐"며 사장을 다그쳤다. 사장은 A 씨를 김 회장 일행이 있는 방으로 데려갔다. '보복폭행'이 마무리되자 김 회장은 폭탄주를 한 잔씩 만들어 돌렸다. '술값' 명목으로 100만 원을 건네고 술집을 나섰다. 당시 시간은 3월 9일 오전 1시 반.

주점 인근 상인들은 "조직폭력배들로 보이는 건장한 남자들이 가게 주변에 쫙 깔려 있었다. 전기충격기와 가스총 등을 소지하고 있었다"고 말했다. 쇠파이프와 회칼을 들고 있는 것을 봤다는 상인도 있다.

대기업 총수의 행동이 '동네 주먹'과 다르지 않았다. 비판 여론이 펄펄 끓었다. 4월 29일 한화그룹은 "김승연 회장의 인간적인 면모"란 제목의 보도자료를 냈다. "김승연 회장은 세 아들을 모두 유학 보낸 뒤 자식들이 보고 싶어 매일 전화를 했다." 각별한 부정(父情)에서 비롯된 일이라는 감성적 호소였다.

경찰 수사에 대한 의혹과 비판도 걷잡을 수 없이 커졌다. 경찰은 진화 차원에서 첩보 보고서를 통째로 공개했다.

대상자: ㈜ 한화그룹 회장 김승연(남, 55) 등 32명(경호원 6명, 폭력배 25명).
첩보 내용: 김승연은 피해자 ○○○ 등이 자신의 둘째 아들과 싸움을 했다는 이유로 2007년 3월 8일 20시 30분 강남구 청담동 룸살롱에서 피해자 4명을 경호원, 폭력배 등에게 시켜 서초구 청계산 주변 창고로 납치한 후 감금하고 집단폭행해 얼굴 등에 상해를 가했다. 이후 중구 북창동 룸살롱으로 피해자들을 데리고 가 종업원들을 집합시켜 놓고 폭행해 영업을 하지 못하게 하는 방법으로 2시간가량 업무를 방해한 것임.

"첩보 내용이 추상적이고 관련자가 특정되지 않았다"던 경찰의 해명은 거짓이었다. 경찰은 동원된 조직폭력배 수까지 파악해 놓고 있었다. 사건 직후 전모를 확인해 놓고도 덮으려 했음을 입증한 꼴이 된 것이다. 경찰청장은 머리를 숙이고 대국민 사과문을 읽어야 했다. 수사권은 검찰에게 넘어갔다. 폭력조직 두목에게 1억여 원이 건네졌고, 이 돈이 김승연의 호주머니에서 나왔다는 점 등 새로운 사실이 속속 밝혀졌다.

그때의 사건을 떠올리며, 출입처인 외교부 관련 업무를 하면서도 틈틈이 옛 취재원들에게 전화를 걸었다. "혹시 조직폭력 문제로 수사를 받는 대기업이 있습니까?"

그러던 9월 8일, 국회 보좌관 출신 청와대 행정관들과의 점심 자리. 자리가 끝나갈 무렵, "경찰이 대기업을 수사한다는데, 조직폭력이 얽혀 있다네?" 하며 버릇이 돼 버린 질문을 던졌다. O가 뜻밖의 말을 꺼냈다.

"CJ그룹 말하는 거지?"

외교부 기자실로 돌아오자마자 전화를 걸었다. 청와대에서 근무하다가 경찰로 복귀한 Y에게였다.

"CJ그룹이 경찰 조사를 받고 있다고 합니다. 조직폭력 문제와 얽혀 있다고 해요. 무엇이든 좋으니 꼭 연락 부탁드립니다."

추석 연휴가 시작된 9월 12일. Y가 흥분한 목소리로 전화를 걸어왔다. 지방의 친정집에 어렵사리 도착한 직후였다.

"CJ그룹에 대해 물어봤었지? 야… 정말 황당하더라. 이재현[1] 회장 측근이 회장 돈을 멋대로 굴리다 원금을 떼이게 되자 청부살인을 시도했다는 거야. 수사하는 곳은 서울경찰청이래."

그러나 확인이 잘 되질 않았다. 정공법을 쓰는 수밖에…. 9월 23일, 외

---

1) 삼성 창업주 고(故) 이병철의 장손이자 이병철의 장남인 CJ제일제당 명예회장 고(故) 이맹희의 장남. 이병철의 뜻을 따라 잠시 삼성전자에서 근무했지만, 1993년 CJ가 독립 경영을 선언하자 제일제당으로 복귀했다. 설탕, 밀가루 등 식료품 제조업에 주력해 온 CJ를 문화기업으로 키워 냈다.

2008년 9월 23일,
서울경찰청장이던
김석기(왼쪽)를 찾아갔다가
찍은 기념사진.

교부 청사에서 걸어서 5분 거리인 서울경찰청으로 향했다. 김석기[2] 서울 경찰청장은 내가 1998년 사건팀 강남 라인(서초-강남-수서-송파-강동경찰서)을 맡고 있을 때 수서경찰서장이었다.

커피를 한잔 마신 뒤 곧장 수사로 화제를 옮겼다. 자세한 답변을 얻을 수는 없었으나 '그림'을 그리는 데는 무리가 없었다.

CJ그룹 회장 이재현은 개인 자금을 자금담당부장 L에게 맡겨 왔다. 좋은 집안 출신인 L은 미국의 유명 경영대학원(MBA)을 졸업했다. 하지만 이재현 몰래 대형 사업에 투자하면서 일이 꼬였다. 자금을 빌려간 사람

---

2) 2009년 1월 경찰청장으로 지명됐지만 지명 이틀 만에 발생한 '용산 참사'에서 철거민이 사망하였다는 이유로 야당과 시민단체가 사퇴를 요구하자 물러났다. 2018년 현재는 국회의원으로서 활동 중이다.

이 돈을 갚지 않았다. '딴 주머니'를 차리려다 자칫 회장님의 돈을 날릴 수 있었다. L은 "채무자를 죽여 달라"며 조직폭력배들을 고용했다.

그러나 범행은 실패했다. 경찰은 붙잡은 폭력배 중 한 명을 조사하면서 L과 L이 굴리던 뭉칫돈을 확인했다. 자금의 실소유주는 이재현, 뜻밖의 '대어'(大魚)였던 것이다.

— 수사는 언제부터 했습니까?

"1년 다 되어 갑니다. 작년(2007년) 11월쯤."

— 100억 원쯤으로 생각하면 될까요?

"지금까지 확인된 것으로는 200억 원쯤."

— 그룹 차원의 비자금이겠군요?

"오랫동안 차명계좌에 있었으니 살펴봐야지요."

대략의 내용을 데스크에 보고했다. 기사를 작성하기 위해 회사에 들어갔다가 편집국장에게 질문을 받았다.

"L은 구속된 건가?"

아뿔싸. 저녁 8시쯤 다시 회사를 나섰다. 찾아간 곳은 신문로의 작은 음식점. 김석기는 몇몇 출입기자와 식사 중이었다. '단독'과 관련된 사안을 '적'들 앞에서 물어볼 수는 없는 일이어서 자리가 끝나기를 기다려야 했다. 밤 10시쯤 김석기를 발견하고 차량에 따라 올라탔다.

"L은 아직 구속 안 됐지요?"

"영장이 기각돼 증거를 보강하고 있습니다. 곧 재신청할 겁니다."

서울시내판 기사 최종 마감시간은 밤 11시 30분. L의 신병 처리 문제를 보고하기 위해 차에서 내려 회사에 전화를 걸었다.

9월 24일 자 〈동아일보〉 사회면엔 정치부 소속의 외교부 출입기자가 단독으로 취재한 사건 기사가 큼지막하게 실렸다. "200억대 총수 돈 관리 대기업 직원, 조폭 동원 채무자 살해청부 혐의 수사."

서울경찰청 기자실은 벌집 쑤신 듯 시끄러웠다고 한다. 난데없이 외교부 출입기자에게 크게 물[3]을 먹었으니 말이다. 검사 출신 CJ그룹 변호사 J는 경찰청 대신 외교부 청사로 달려왔다.

경찰 수사 결과 이재현 자금의 규모는 230억 원, L이 운용한 차명계좌는 90여 개로 확인됐다. L은 12월 3일에 구속됐다.

4년여 뒤인 2013년 5월 21일. 윤대진[4] 부장이 이끄는 서울중앙지검 특수 2부가 L의 자택 압수수색에 나서며 "CJ그룹의 수천억 원대 비자금을 수사 중"이라고 발표하였다.

L은 재판 내내 "이재현 회장을 대신해 수천억 원대 차명자금을 관리했다"고 주장했다. 검찰이 복원한 L의 USB 메모리(휴대용 저장장치)에선 다른 사람의 이름 뒤에 감춰졌던 재산 목록이 줄줄이 튀어나왔다. USB 메

---

3) 기자 사회에서 '물'이란 특종의 반대말인 '낙종'(落種)을 의미한다. "물을 먹었다"는 표현을 접한다면 타사 기자의 특종으로 곤혹스럽게 됐다는 뜻으로 이해하면 된다.

4) 문재인 대통령이 민정수석이던 2004년, 민정수석실 산하 특별감찰반장으로 호흡을 맞췄다. 문재인 정부 출범 직후 서울중앙지검 1차장으로 '깜짝 발탁' 됐고, 2018년 6월엔 검찰 인사권을 총괄하는 법무부 검찰국장이 됐다.

모리는 2008년 경찰 수사 때 확보됐던 것이니 CJ그룹 비자금 수사 '2라운드' 격이었다.

이재현은 삼성그룹에서 분리된 제일제당의 경영을 맡은 뒤 CJ그룹을 총자산 30조 원 규모, 재계 14위의 그룹으로 키웠다. 하지만 비자금을 조성하는 일에도 꽤 열심이었던 모양이었다.

검찰에 따르면 이재현은 1990년대 후반부터 조세(租稅) 피난처에 '페이퍼 컴퍼니'를 세워 소득세를 빼돌렸다. 차명으로 해외 미술품을 사고 팔아 수익을 해외로 빼돌렸다. 이런 식으로 만든 비자금이 국내 3,600억 원, 해외 2,600억 원 등 모두 6,200억 원.

2013년 7월, 이재현은 구속됐다. 그러나 유전성 희귀질환 샤르코-마리-투스(CMT)[5]와 신장 이식수술 이후 나타난 거부 반응이 겹쳐 일상생활을 할 수 없을 정도로 건강이 악화됐다. 수감 100여 일 뒤 병원으로 옮겨졌다. 2년 6개월의 실형이 확정됐지만 형(刑) 집행정지[6]로 풀려났다.

특별사면을 거쳐 이재현이 경영에 복귀한 것은 2016년 5월. 최초보도가 없었다면 CJ그룹 비자금의 전모는 밝혀졌을까.

---

5) 유전자 돌연변이로 운동신경과 감각신경이 손상되는 희귀 유전성 질환. 삼성 창업주 이병철의 부인 박두을과 장남 이맹희, 삼남 이건희도 가족력을 이어받은 것으로 알려져 있다. 이재현은 만성 신부전증으로 2013년 8월, 부인 김희재의 신장을 이식받았다.
6) 수형자에게 중대한 사유가 발생했을 때 검사 지휘에 따라 형의 집행을 정지하는 제도이다.

뒷이야기
김승연과 아들들

📷

한화그룹 회장 김승연은 서정화[7]의 장녀 영민과 1982년 결혼해 아들 셋을 뒀다. 청년 재벌총수 김승연과 서울대 약대 수석졸업생이자 장관의 딸인 서영민의 혼인은 당시 화제를 모았다. 김승연의 아들들이 경찰 조사를 받은 것은 6번(2018년 7월 기준). 둘째 아들 김동원과 셋째 아들 김동선이 각각 3번씩 연루됐다.

2007년 아버지의 '보복폭행'을 촉발시킨 둘째 김동원은 2011년 반대편 차로에서 신호대기 중이던 차량의 운전석을 들이받고는 차를 버리고 달아나 다시 언론의 스포트라이트를 받았다. 2014년 2월엔 주한미군 사병이 군사우편으로 반입한 대마초를 구해 4차례 피운 사실이 드러나 징역 8개월에 집행유예 2년, 약물치료강의 수강 명령을 받았다.

셋째 김동선은 인천아시안게임 승마 마장·마술 단체전에서 금메달, 개인전에서는 은메달을 딴 국가대표 승마 선수 출신이다. 김동선의 경우

---

7) 정통 내무관료 출신의 정치인. 1982년 경남 의령에서 발생한 '우 순경 총기 난동'(순경 우범곤이 동거녀와 말다툼을 벌이다 총기를 난사해 95명의 사상자를 낸 사건)으로 내무부장관직을 물러났다. 15년 뒤인 1997년, 통영중 선배이기도 한 김영삼에 의해 다시 내무부장관이 됐다.

에는 3번 모두 '술집 사고'였다. 2010년 9월엔 용산구의 호텔 바에서, 2017년 1월엔 강남구 청담동 술집에서 만취해 난동을 부리다 입건됐다. 2017년 9월에는 종로구 술집에서 대형 로펌의 신입 변호사들과 술자리를 하다 변호사들의 뺨을 때리고 머리채를 잡았다는 논란에 휩싸였다. 피해자들이 처벌을 원치 않아 수사는 종결(불기소)됐다. 술이 '웬수'인 셈이다.

한편 김승연은 보복폭행 사건 첫 공판(2007년 6월 18일)에서 '회장님 화법(話法)'으로 또 다른 화제를 낳았다. 일부를 옮겨 본다.

검사: 청계산에서 피해자 조 모 씨(북창동 유흥주점 종업원)를 폭행할 때 쇠파이프를 사용했습니까.

김승연: (쇠파이프로) 머리통을 때리려는 걸 누군가 말렸습니다. 그냥 겁만 줬습니다.

검사: 아들을 때린 종업원 윤 모 씨에게 "아들이 눈을 맞았으니 너도 눈을 맞아야 한다"며 눈을 때린 사실이 있습니까.

김승연: 내가 아들 또래하고 맞짱(일대일로 맞서 싸우는 것)을 뜰 수는 없는 일이고….

검사: (피해자들을) 청계산으로 데리고 간 이유는.

김승연: 윤 씨가 처음부터 (자신이 때렸다고) 나섰다면 사태가 커지지 않았을 것입니다. 청계산에도 안 갔을 겁니다. 처음부터 끌고 갈 생각이었다면 미리 손전등 같은 도구를 가져갔을 것입니다. 조용한 곳에서 말하려고 했습니다. 처음부터 때리려고 한 건 아닙니다.

검사: 술집에서 문 닫고 말해도 되지 않습니까.

김승연: 검사님, 술집 안 가 보셨죠? 옆에서 밴드가 시끄럽게 하는데 얘기가 됩니까?

검사: 청계산에서는 (피해자들을) 얼마나 때렸습니까.

김승연 : 검사님, 복싱 좀 아십니까? (원투 스트레이트 제스처를 하면서) 복싱에서처럼 아구(입) 몇 번 돌린 겁니다.

검사: 북창동 주점에 들이닥친 뒤엔 어떻게 했습니까.

김승연: (사장의) 귀싸대기 한 대 후려쳤습니다.

김승연은 피해자들을 5, 6차례 "놈"이라고 지칭했다. 검사의 추궁이 계속되면 "그냥 검사님 말씀대로 하시죠"라거나 "그건 뭐 알아서 생각하시고…" 하고 대답했다. 턱을 손으로 받친 채 검사의 신문에 답변하다 재판장에게서 지적을 받기도 했다.

언론의 보도에 대해서는 "우발적인 개인의 실수인데 언론이 너무 드라마틱하게 만들어 놨다. 한화그룹의 해외사업까지 지장 받고 있는 점이 안타깝다"며 감정을 드러냈다.

한편 수감 생활이 몹시 괴로운 듯 이렇게 말하기도 했다. "(감방은) 너무 좁은 공간이다. 곧 더위가 올 테고…."

이명박 정부 공직윤리지원관실 최초 단독보도

2008년 11월 10일

기자에게 월요일은 할 일 하나가 더 있는 날이다. 출입처의 주례 회의를 챙겨야 하기 때문이다. 가령 청와대에서는 대통령 주재 참모회의[1]가 열린다. 해당 주(週)에 처리나 검토가 필요한 사안이 보고되고, 처리 방향이 논의되며, 대통령은 관련 발언을 내놓는다.

대검찰청과 경찰청, 외교부 등에서도 청와대식 회의가 열린다. 특히 '비공개' 부분은 기삿거리가 된다. 가령 송광수 검찰총장이 퇴임을 한 달가량 앞두고 있던 2004년 2월 28일, 대검 주례 간부회의에서 "내 임기가 끝난다고 해서 이곳저곳 청탁하는 사람은 용심[2]을 부려서라도 옷을 벗

---

1) 노무현 정부 청와대는 매주 월요일 '대통령 수석·보좌관 회의'(수보회의)를 열었다. 회의 명칭은 이명박·박근혜 정부 때 '대통령수석비서관 회의'(대수비)가 됐다가 문재인 정부 출범 후 다시 '수보회의'로 환원됐다.
2) 남을 괴롭히거나 남이 잘되는 것을 시기하는 못된 마음. 송광수 검찰총장과 출신지가

기겠다"고 했다. 당시 대검 간부들 사이에선 뜻을 두고 의견이 분분했다.
"용심? 마음을 쓴다(用心)는 건가?" "한자어라면 뜻이 이어지지 않는데"
등등. 여하튼 '용심' 발언을 홀로 챙겨 검찰 '인사운동'의 문제점을 짚는
기사를 실은 일도 있었다.

외교부를 출입하던 2008년 10월 27일 월요일 오후, 실·국장들 방을 돌
아다니다 국장 C의 방에 들렀다. 늘 싱글벙글하는 C의 얼굴이 잔뜩 구겨
져 있었다. "암행어사도 아니고, 그런 조직이 실제 있는지도 모르겠
고…." 아침에 출근하고 나서 얼마 되지 않아 느닷없이 외부인 몇 명이 들
이닥쳐 감찰 운운하며 실·국장 방을 훑고 지나가는 통에 장관 주재 간부
회의는 하지도 못했다는 것이다.

— 감찰? 대통령 민정수석실인가요?
"그게 좀 이상해요. 총리실 산하라는 겁니다."
— 총리실? 총리실 소속의 감찰기구가 생겼나요?
"그걸 잘 모르겠단 말예요…. 공직 윤리를 지원한다든가, 뭐래나…. '암행어사
출두' 식으로 들이닥쳐 정신없었어요."

노무현 정부 때는 총리실에도 민정비서관실이 있었다. 그러나 이명박

비슷한 한 대검 간부는 "용심 줘다"라는 식으로 지역에서 즐겨 쓴다면서 "인사 청탁
이 적발되면 패가망신시키겠다는 송광수식 화법"이라고 했다.

정부는 2008년 2월 출범 직후 총리실 산하 감찰기구를 폐지했다.

— 공직 윤리를 지원한다구요?

"저도 이상해서 물어봤는데 공직 윤리를 지원한다는 거예요, 계속."

— 무슨 조사를 받았기에 장관 주재 간부회의도 못한 겁니까?

"그것도 희한했어요. 장관(유명환³⁾)이나 1차관(권종락⁴⁾)이 정권과 관련한 발언
을 한 게 있느냐, 가깝게 지내거나 따로 만나는 국회의원은 누구냐, 이런 걸 물
어보데요. 장·차관 뒷조사를 한다는 건지, 원 ⋯ 어이도 없고, 기분도 나쁘고."

총리실 산하, 암행, 감찰, 공직 윤리, 지원⋯. C는 청와대 파견 근무를
두 번이나 했다. 대통령 민정수석실의 감찰 기능을 모를 리 없는 사람이
니 뭔가 착각했을 것 같지는 않았다. 다른 실·국장들도 비슷한 얘기였
다. 총리실에 출입하는 후배 Y에게 전화를 걸었다.

"총리실 산하에 감찰기구가 다시 생긴 모양이야. '공직', '윤리', '지원'이
라는 세 단어가 들어갔다고 하는데 좀 알아봐 줘."

이틀 뒤, Y가 연락을 해 왔다.

"공직윤리지원관실이라는데, 무슨 활동을 하는지는 아는 사람이 없습

---

3) 노무현 정부 초반, 외교부 차관보와 국가정보원 1차장 인사에서 좌절을 겪었다. 2005
년 7월 신설된 다자(多者) 담당의 2차관으로 복귀했고, 2개월 뒤 다시 양자(兩者) 담당
인 1차관이 됐다. 2010년 9월, 딸의 외교부 '나 홀로 특채' 사실이 확인돼 사퇴했다.
4) 북미통 외교관. 2007년 8월 고향 선배인 이명박의 대선캠프에 합류, 권토중래했다. 외
교부 1차관 재직 중 간암 말기 판정을 받고 투병하다 2010년 별세했다.

니다. 총리실에는 사무실도 없구요. 확인한 건 한 가지입니다. 팀장이 '이 인규'라고 합니다. 총리실 사람은 아니라고 해요."

"이인규? 어떤 이인규?"

"모르겠어요. 아는 사람이 없어요."

어디서부터, 어떻게, 시작해야 할지 막막했다. 무작정 대검 범죄정보 기획관을 지낸 이인규[5] 대검 기획조정부장에게 전화를 걸었다. 대검찰 청 범죄정보기획관은 범죄 수사의 단서가 되는 범죄 첩보를 수집하는 직 제여서 정보가 많다. 이름이 같으니 뭔가 알 수도 있다는 막연한 생각도 있었다.

— 부장님, 혹시 총리실에 생긴 감찰기구도 관장합니까?

"에이, 여기(대검) 일도 바쁜데요."

— 총리실 산하 감찰기구가 새로 생겼고, 팀장이 이인규라는 분이라는데요?

"노동부 이인규 말씀하는 거죠?"

공직자 감찰기구 팀장이 노동부 출신? 감찰기구의 팀장은 보통 사정 (司正)기관 출신이 맡는 게 관례가 아닌가. 노동부에 확인한 결과 이인규 는 행정고시(29회) 출신 국장급 간부였다. 특이한 점은 경북 영덕에서 태

---

5) 2003년 서울중앙지검 9부장으로 SK비자금 수사를 담당했다. 이때 붙은 별명이 '재계 의 저승사자'. 대검 중앙수사부(중수부)의 대선자금 수사(2003년 8월~2004년 5월)는 이 SK비자금 수사가 확대된 것이다. 2009년 대검 중수부장으로 '박연차 게이트' 수사를 지휘했지만 노무현 전 대통령이 자살하자 옷을 벗었다.

어나 포항에서 초·중·고교를 나왔다는 것. 전문성보다는 이명박과의 관련성이 컸다. 일본 오사카에서 태어난 이명박은 경북 포항에서 초·중·고교를 나왔고, 이명박 정권 핵심의 주류도 이른바 '영포 라인'[6]이었다.

정동기[7] 민정수석과 조성욱[8] 민정 2비서관에게 전화를 걸었다. 대통령 민정수석실은 공직기강을 관장하는 컨트롤 타워이고, 두 사람은 검찰 출입 때부터 알고 지낸 이들이었다.

— 외교부에 출입하고 있습니다. 개각에 대비해 장·차관 업무 평가를 하고 있는 겁니까?

"장·차관 평가? 무슨 말이야?"

— 총리실 공직윤리지원관실이 각 부처의 평가 작업을 하고 있지 않습니까.

"……"

— 민정수석실이 지휘하는 거 아닙니까?

"……"

---

6) 경북 포항-영일-영덕 등 영일만 출신을 일컫던 용어. 영일군과 포항시는 1995년 포항시로 통합됐다.
7) 대통령직인수위원회 법무·행정 분과 간사를 계기로 이명박 정부와 인연을 맺었다. 2011년 감사원장에 지명됐지만 로펌에서 7개월간 7억 원을 받은 것이 논란이 되자 사퇴했다.
8) '법조 명문가' 출신이다. 부인은 노정연 검사(2018년 7월 현재 서울서부지검 차장). 장인은 검사장 출신 노승행 변호사. 판사 출신 노혁준 서울대 법학전문대학원 교수가 처남이다.

반응이 묘했다. 상황을 모르는 듯했다.

김대중 정부 때 청와대 특명수사를 담당했던 경찰청 형사국 조사과(일명 사직동팀)는 경찰청 소속이었음에도 보고 창구는 대통령 민정수석실이었다. 이상했다. 거칠게 질문을 던져 봤다.

"민정수석이 보고 못 받고 있는 겁니까?"

"조 기자! 그렇게 안 봤는데 참으로 무례하구만!"

정동기는 벌컥 화를 내며 툭, 전화를 끊었다. 인자한 성품의 그답지 않았다.

수석실의 다른 지인 2명에게 전화를 걸었다. 총리실 공직윤리지원관실이 무슨 활동을 하는지는 모르지만, 대통령에게 보고는 하고 있는 것으로 안다고 했다. 종합해 보면 다음과 같았다.

① 총리실 산하에 공직윤리지원관실이란 암행 감찰기구가 새로 생겼다. ② 공직윤리지원관실은 각 부처를 상대로 장·차관 업무 평가를 벌이고 있다. ③ 공직윤리지원관실은 공직 감찰기구인데, 청와대 민정수석실엔 보고를 하지 않는다. 그러나 대통령에겐 보고가 이뤄지고 있다. ④ 공직윤리지원관실과 대통령을 이어 주는 청와대 직제와 담당자는?

좋은 기사는 읽었을 때 궁금증이 없어야 한다. 그러나 기사란 또한 '시의성'을 간과해선 안 되는 법. 기사는 아이스크림처럼 시간이 지나면 사르르 녹아 버린다. 대책 없이 묵히다간 취재해 놓은 것들이 날아갈 수도 있다. 부처마다 포진한 기자들만 따져 봐도 공직윤리지원관실의 활동이 오래 비밀에 부쳐질 리 만무했다. 당장은 알 수 없는 ④번을 빼놓고 1보(報)를 쓰기로 했다. 2008년 11월 10일 자 A1면. 총리실 산하 공직윤리지

얼핏 보면 초등학교 건물처럼 보이는
중앙정부청사 창성동 별관의 모습.
국무총리실 산하 공직윤리지원관실은
이 건물 4층에 입주해 있었다.
(사진 = 김재명 〈동아일보〉 기자)

원관실의 활동이 처음으로 공개된 것이었다.

관가에는 미묘한 파문이 일었다. 한 부처 대변인은 공직윤리지원관실
이 출입기자 면접조사를 요청했다고 알려 왔다. 장관의 대(對)언론 관계
를 알아보겠다며 기자단 면접조사가 불가피하다고 했다는 것. 정말 희한
한 일이 벌어지고 있었다.

11월 11일, 청와대는 총리실 산하의 공직 감찰기구 출범을 공식적으로
확인했다. 공직윤리지원관실은 경복궁 서쪽 정부중앙청사 창성동 별관
404~413호를 사무실로 쓰고 있었다. 총리실 출입기자가 총리실이 있는

광화문 정부청사에서 공직윤리지원관실을 찾지 못한 이유였다.

청와대는 공직윤리지원관실에 활동을 자제하라고 당부했다고도 밝혔다. 하지만 창설 배경과 구성원, 활동 내용, 민정수석실과의 관계에 대해선 철저히 함구했다. 언론의 관심을 끄고 보겠다는 태도인 듯했다.

청와대 수석 L에게 계속 전화를 걸었다. L은 대선캠프 시절부터 이명박을 밀착 보좌했다. L은 요리조리 피하면서도 의미심장한 말을 던졌다.

"기업인 출신이어서 그런가? VIP(대통령)가 비선(秘線)이라는 걸 믿더라고."

공직윤리지원관실이 이명박의 비선 조직이라는 걸까? 하지만 창성동 별관은 외부인의 출입이 전혀 허용되지 않는 곳. 책임자인 이인규에게 직접 알아보는 게 방법인 듯했다. 이인규의 집 주소, 집 전화번호, 휴대전화 번호를 어떻게 확보할 수 있을까. 이 궁리, 저 궁리하다 국회 환경노동위원장실을 찾아갔다. 당시 환경노동위원장은 추미애(2018년 7월 현재 더불어민주당 대표)였다.

"아주 중요한 일입니다. 노동부 이인규 국장의 집 주소, 전화번호가 필요합니다. 꼭 부탁드립니다."

연락처가 확보됐다는 전화를 받은 것은 12월 26일 밤. 크리스마스 다음날이자 2008년 마지막 금요일 밤이었다. 토요일(12월 27일) 밤 10시쯤 회사로 갔다. 신문기자의 안식일은 토요일, 1주일 중 유일하게 신문이 나오지 않는 날이다. 출입처이던 외교부에서는 북미 간 북핵 검증 전격 합의, 북한의 영변 핵시설 폭파, 북한 테러지원국 해제 등 사건이 끊이지 않았다. 일단 출근하면 다른 것을 알아볼 수 없었다. 회사는 조용하면서도 보안을 확보할 수 있는 곳이었다.

이인규의 집(강남구 일원동)에 전화를 걸었다. 이인규가 직접 전화를 받지 않는다면? 기자라는 신분을 밝혔을 때 전화를 바꿔 주거나, 전화번호를 남긴다 해도 전화를 걸어올 것 같지 않았다. 두어 번의 신호음. 다행히 남성의 목소리였다.

— 공직윤리지원관실을 담당하고 계신 이인규 국장 맞습니까?

"이인규입니다."

— 노동부에서 파견 나가 있는 이인규 국장 맞으시지요?

"전화번호를 어떻게 아셨지요?"

이인규는 호락호락하지 않았다. 어떻게 업무를 담당하게 됐는지, 누구에게 보고하는지 반복해서 물었지만 소득이 없었다. 다만, 대통령 민정수석실이 보고 라인에서 완전히 제외돼 있는 것만은 틀림없었다.

그로부터 며칠 뒤. 공직윤리지원관실 직원 10여 명이 한밤중 외교부 청사를 덮쳤다. 일종의 압수수색이었다. A부서 24병, B부서 30병…. 30분 만에 양주 101병을 발견해 냈다고 공직윤리지원관실은 발표했다. 대부분 주한 외국 대사관이 연말연시 인사차 보내온 것들이었다. 그러나 외교부장관 유명환은 해당 부서 직원들에게 주의 조치를 내렸다. 힘센 공직윤리지원관실에 대한 관가(官街)의 원성은 쌓여 갔다.

2009년 1월 1일, 나의 출입처는 국회로 바뀌었다. 공직윤리지원관실의 보고 체계, 공직윤리지원관실과 대통령 사이의 고리는 미완(未完)의 숙제로 남았다.

    국회 보좌관 출신 청와대 인사 O에게서 오랫동안 기다려 온 답을 들을 수 있었다. 국정감사(2009년 10월 5∼20일) 시작 직전이었다.

    "고용노사비서관 이영호가 공직윤리지원관실의 보고를 받고 있는 청와대 창구다."

    "고용노사비서관? 그게 말이 돼?"

    O는 목소리를 높였다. "그러니까 문제가 심각한 것 아니냐."

    이영호는 평화은행 노조위원장 출신. 이명박과는 동향(同鄕)이었다. 한나라당 금융산업위원(2006년)을 시작으로 2007년 대선 때 당 선거대책위원회 노동총괄단장을 지냈다. 이명박 정부 출범 후엔 청와대에 입성했다. 그를 비서관으로 추천한 사람은 박영준[9]이었다.

    암행 감찰기구를 지휘하고, 활동 내용을 대통령에게 보고하는 업무를 대통령과 고향이 같은 노동계 출신이 해 왔다니…. O는 확실한 취재원이었다. 그러나 데스크는 이영호의 해명 없이는 기사를 쓸 수 없다고 했다. 이영호는 전화나 문자 메시지에 일절 반응하지 않았다.

    신건[10] 의원의 국회의원회관 사무실을 찾아갔다. 국정원장 출신 신건

---

9) 1994년부터 11년간 이명박의 친형 이상득의 국회의원 보좌관을 맡다가 서울시 정무보좌역으로 임명되면서 이명박과 인연을 맺었다. 이명박 정부 출범 직후 국정상황실장 업무와 감찰 업무까지 포괄하는 대통령실 기획조정비서관을 맡아 '왕(王) 비서관'으로 불렸다. 이명박 대통령의 임기 말, 파이시티 인·허가 비리 사건으로 구속됐다. 이후 공직윤리지원관실 불법사찰 지시 사실이 확인돼 추가 기소됐다.

10) 검사 출신. 1997년 김대중 새정치국민회의 대선후보의 법률 담당 특보로 정계에 입문

은 국무총리실, 국무조정실, 금융위원회, 공정거래위원회 등을 관장하는 국회 정무위원회 소속이었다. 신건은 공직윤리지원관실이 '공직기강 점검'이 아닌, 이명박 대통령의 역점 과제인 '4대강 살리기 사업'과 관련하여 부처 점검을 했다고 공개한 터였다.

"공직윤리지원관실의 청와대 창구가 고용노사비서관 이영호란 사실을 확인했습니다."

"고용노사비서관? 업무 관련성이 전혀 없지 않습니까?"

"청와대 취재원의 신원 등을 감안하면 확실합니다. 다만, 이영호와 연락이 전혀 되질 않습니다. 당사자의 '말'이 중요한데, 기자로서는 확인할 수 없을 것 같습니다. 국정감사장에서 물어봐 주십시오."

2009년 10월 22일 국무총리실에 대한 국정감사. 신건이 질의자로 나섰다. "총리실 산하 공직윤리지원관실 책임자 이인규가 공직자 감찰이나 사정(司正) 업무와는 전혀 관련 없는 대통령 고용노사비서관 이영호에게 활동 내용을 보고해 온 사실을 확인했다."

이인규는 "사실이 아니다"고 딱 잡아뗐다.

하지만 이듬해인 2010년 6월, 총리실 공직윤리지원관실 논란이 재점화됐다. 민간인 사찰 사건의 여파였다. 'MB 비방 동영상'을 블로그에 올린 은행 용역업체 대표를 내사하고, 압수수색영장도 없이 회사 회계자료 등을 확보한 사실 등이 드러났다.

했다. 김대중 정부 출범 후 국정원 1·2차장에 이어 국정원장을 지냈다. 2015년 폐암으로 별세했다.

민간인 조사는 있을 수 없는 불법 행위였다. 야당과 언론 등의 파상 공세가 이어졌다. 공직윤리지원관실의 청와대 창구가 도마 위에 올랐다. 결국 청와대는 고용노사비서관 이영호가 창구라고 시인했다.

총리실 공직윤리지원관실이 창설된 것은 이명박 정부를 강타한 촛불 집회가 절정으로 치달은 직후인 2008년 7월이었다. 촛불에 놀란 이명박 정부가 만든 '비선(秘線) 별동대'였던 것이다.

만일 그날 외교부 국장 C의 말을 한 귀로 듣고 한 귀로 흘렸다면 어떻게 됐을까. C는 2018년 7월 현재 유럽의 대사로 있다.

사직동팀과 '옷 로비 의혹' 사건

📷

'비선(秘線) 조직' 공직윤리지원관실의 실체가 불거지면서 정치권에선 과거 '사직동팀'이 재조명됐다.

사직동팀의 공식 명칭은 '경찰청 형사국 조사과'. 삼청터널 근처의 사직동 안가(安家)에서 은밀히 작업했다고 해서 '사직동팀'이란 별칭이 붙었다. 현직 경찰 20여 명이 파견돼 고위 공직자와 대통령 친·인척 비리, 첩보 수집 등을 담당했다.

사직동팀은 1999년 첫 특별검사제가 도입된 '옷 로비 의혹' 사건으로 널리 알려졌다. 옷 로비 의혹이란 최순영 신동아그룹 회장의 부인 이형자가 남편의 구명을 위해 검찰총장 김태정의 부인 연정희 등에게 로비를 시도했다 실패한 사건이었다.

그러나 사직동팀이 장관 부인들을 조사해 놓고도 이를 4개월 동안 비밀에 부친 사실이 드러나면서 축소·은폐 의혹에 휩싸였다. 결국 사직동팀은 2000년 10월 김대중 대통령의 지시로 해체됐다.

비록 그러한 물의를 빚었으나, 사직동팀의 보고 창구는 대통령민정수석실이었다. 대통령 보고 창구까지 비(非)전문가이자 대통령과 동향인 사람이 맡은 것은 공직윤리지원관실이 유일했다.

한편 옷 로비 의혹은 이후 서울지검 수사, 국회 청문회, 특별검사 수사, 대검찰청 수사로 계속 이어졌다. 그러나 실체는 규명되지 않고 흐지부지 됐다. 확인된 것은 디자이너 앙드레 김(1935~2010년)의 본명 정도.

연정희가 1,380만 원짜리 호피무늬 반코트 등 앙드레 김[11]의 옷을 즐겨 입은 것으로 확인되면서 앙드레 김은 청문회에 불려 나왔다. 본명을 말 하라는 국회의원의 질책에 "김봉남입니다"라고 말하는 장면은 지도층의 추문과 맞물려 묘하게 희극적 분위기를 자아냈다. 앙드레 김은 언론 인 터뷰에서 "옷 로비 사건은 역설적으로 사업을 크게 확장하는 계기가 됐 다"고도 했다.

---

11) 1962년 한국 최초의 남성 패션디자이너로 데뷔했다. 1966년 한국인 최초로 파리에서 패션쇼를 연 것도 그였다. 1988년 서울올림픽에서는 대한민국 대표팀의 선수복을 디 자인 했다. 개성 있는 목소리와 제스처로 국민들의 사랑을 받았다. 영화 〈국제시장〉에 서 옷감을 찾아서 주인공 고모(라미란 역) 가게 '꽃분이네'를 찾아 "판타스틱~"을 연발 하는 남성은 앙드레 김을 모델로 한 것이다. 2010년 대장암으로 별세했다.

김승연 한화 회장 출국금지 단독보도

2004년 11월 25일

서울 여의도 63빌딩은 1985년 7월 준공 당시 우리나라에서 가장 높은 건물이었다. 높이는 남산(265미터)과 비슷한 264미터. 동양 최고였던 도쿄의 선샤인60[1]보다 23미터나 높았다.

개관 당시의 이름은 '대한생명 63빌딩'이었다. 1946년 설립된 국내 최초의 생명보험회사 대한생명의 본사 건물이었기 때문이다. 대한생명은 삼성, 교보생명과 함께 생명보험업계 '빅3'의 입지를 다져 나갔지만, 1997년 외환위기의 여파, 1999년 회장 최순영[2]의 공금횡령 사건 등으로 한순간에 몰락했다.

---

1) 선샤인60(サンシャイン60)은 도쿄의 이케부쿠로에 있는 초고층 빌딩이다. 1978년 완공됐다. 63빌딩이 건설되기 전까지는 아시아에서 가장 높은 빌딩이었다.
2) 1976년 부친으로부터 신동아그룹을 물려받았다. 대한생명은 신동아그룹 계열사였다. 1999년 신동아그룹이 부도로 해체되면서 업무상 배임 등으로 구속됐다.

공적자금 3조 5천억 원이 투입됐지만 곧 '회생 불가능' 판정이 내려졌다. 2002년 9월엔 대한생명의 한화 매각이 결정됐다. 총자산 10조 5천억 원으로 재계 서열 16위였던 한화그룹은 대한생명(26조 7천억 원)을 품에 안고 6위(자산 37조 2천억 원)로 껑충 뛰었다. 재계에선 "붕어가 가물치를 삼켰다"는 평이 나왔다.

한화의 정·관계 로비 의혹설도 끊이지 않았다. 2004년 9월 국정감사에서만 해도 단연 한화의 대한생명 인수 로비가 뜨거운 이슈였다.

대검 중수부[3]의 대선자금 수사가 마무리 국면(2004년 5월)에 접어들 무렵. 문효남[4] 중수부 수사기획관은 "서청원이 한화로부터 받은 돈은 대선자금 명목이 아닌 것 같다"고 했다.

한화는 2002년 대선 직전 이회창 캠프와 노무현 캠프에 각각 40억, 10억 원어치 국민주택 채권을 건넸다. 이와 별도로 한나라당 서청원(대선 당시 당 선거대책위원장)에게는 한화 소유의 서울 플라자호텔에서 김승연 회장이 채권 10억 원을 직접 전달하기도 했다. 그런데 서청원이 받은 돈

---

3) 1981년에 창설됐다. 대한민국 사정(司正) 수사의 최고 사령탑으로 이철희·장영자 사건, 노태우 비자금, 한보 비리, 불법 대선자금 등 대형 비리를 파헤쳤다. 권력의 하명(下命) 수사 등으로 종종 '정치 중립성 훼손' 시비에 휘말렸지만 수사 대상은 일반 시민이 아닌, 권력자들이었다. 2009년 5월, 노무현 대통령의 자살 이후 중수부 폐지론이 가열됐고, 2013년 4월 23일 폐지됐다. 폐지가 과연 최선이었던 것인지 가끔 생각해 본다.
4) 서울지검 강력부장 시절 '고문 기술자' 이근안 수사를 지휘했다. 대선자금 수사 때 대(對)언론 창구인 중수부 수사기획관을 맡아 수사 과정을 깔끔히 조율해 냈다. 중수부장 안대희는 부산중 동창이다.

(주)한화 김종희 창업주의 갑작스러운 타계로 그룹 경영권을 이어받은 김승연 한화그룹 회장. 부친의 '사업보국' 경영이념 아래 다양한 산업에 진출, 한화를 재계 순위 13위로 키웠다. (사진 = 한화그룹 홈페이지)

이 대선자금이 아니었다? 한화에 대해선 별도의 정치자금 수사가 시작될 수 있다는 얘기였다.

김승연은 대선자금 수사가 한창이던 2004년 1월 갑자기 출국해 버렸다. 수사팀이 출국금지 조치를 취하려던 바로 하루 전날이었다. 대기업에서 '돈'의 최고 의사결정권은 총수가 쥐고 있다. 문효남이 "… 아닌 것 같다"라는 모호한 표현을 쓴 것은 자금의 성격을 최종적으로 규명할 수 없어서였다.

김승연이 귀국한 건 2004년 8월. 대선자금 수사는 이미 끝났고, 대검 중수부 역시 '안대희[5] 체제'에서 '박상길[6] 체제'로 바뀐 뒤였다. 그러나 박상길이 지휘하는 대검 중수부는 채권시장 조사에 매달렸다. 김승연 측

인사한테서는 "2002년 중순 대한생명 인수와 관련해 정·관계 로비 목적으로 33억 원어치 채권을 매입하라고 지시했다"는 진술을 받아 냈다.

문효남의 발언에 비춰 보면 박상길이 지휘하는 수사의 핵심은 서청원에게 전달된 것(10억 원) 외 나머지 채권(23억 원)이 누구에게 꽂혔는지를 밝혀내는 것이었다. 대선자금 수사에서 남겨진 조각을 맞추는 일인 동시에 대한생명 인수 로비 의혹과 관련한 별건(別件) 수사였다.

2004년 11월 25일 대검 중수부장실. 오전 9시 30분에 시작된 박상길 중수부장과의 일문일답은 여느 때처럼 선(禪)문답으로 전개됐다. 대언론 창구는 열어 놓되, 피의사실공표[7]를 피하기 위한 조치였다. 예를 들어서 "○○○ 구속합니까?"란 질문에는 "지켜봅시다. (수사가) 8부 능선은 넘었으니까"라거나 "법원(영장 발부 여부)도 생각해야 하고, (피의자가) 몸도 많이 아프다고 하는데… 봅시다. 수사는 생물이니까"라는 답이 돌아오는

5) '최연소(만 19세) 사시 합격' 기록의 보유자. 노무현 대통령과는 사법시험 동기다. 대선 자금 수사 당시 대검 중수부장을 맡아 '국민 검사'라는 별칭을 얻었다. 부산고검장 시절엔 조세포탈 이론과 수사 실무(조세형사법)에 관한 책을 펴내기도 했다. 대법관 퇴임 후인 2014년 국무총리 후보자로 지명됐지만 전관예우 논란에 휘말려 사퇴했다.

6) 특별수사통이 갈 수 있는 모든 요직을 거쳤다. 노태우 대통령 비자금 사건, 한보그룹 비리 사건 등을 무난하게 처리했다.

7) 피의사실공표란 수사기관이 직무상 알게 된 피의자의 혐의를 공판 청구 전 언론 등에 알리는 행위이다. 형법 126조는 "피의사실공표 시 3년 이하의 징역 또는 5년 이하의 자격정지에 처한다"고 규정한다. 문제는 헌법에서 도출되는 '국민의 알 권리'와 대립할 수도 있다는 점이다. 피의자가 기소될 때까지 혐의 사실을 전혀 공표하지 않고 보도도 전혀 이뤄지지 않는다면, 국민은 재판이 열리기 전까지는 공인의 비리 혐의에 대해 아무것도 알 수 없다. '인권'과 '알 권리' 사이의 균형을 잡는 것이 중요하다.

식이었다.

박상길은 유독 입이 무거웠다. 기자들이 끈질기게 물고 늘어져도 "허허" 웃기만 했다. 무거운 분위기를 바꿔 볼 요량이었을까. 신문사 기자 K가 김승연에 대한 이야기를 꺼냈다. 당시 김승연은 대선자금 수사와 관련한 재판을 받고 있었다. 8개월이나 외국에 있다가 귀국하는 바람에 재판 진행이 늦어졌던 것이다.

"김승연 회장이 곧 외국에 간다는 기사가 신문 경제면에 실렸네요. 어제 항소심(2심) 선고에는 출석했던데."

순간, 박상길의 눈이 안경 뒤에서 번쩍 빛났다.

"출석했다고?"

기자들이 "출석했던데요"라고 하자 박상길은 잠시였지만 골똘히 생각에 잠겨 혼잣말처럼 중얼거렸다.

"선고 공판에는 출석했다, 이거지….."

간담회는 여느 때처럼 영양가 없이 끝났다. 하지만 마음에 걸리는 것이 있었다.

① 여간해선 표정에 변화가 없는 박상길이 김승연 이름이 나오자 민감한 반응을 보였다. ② 검찰이 소환 통보를 했지만 응하지 않고 있다는 걸까? ③ 소환은 수사 마무리 단계에서 이뤄진다. 그런데 벌써 소환? ④ 김승연은 해외 출장을 앞두고 있다. ⑤ 대선자금 수사 때 김승연은 돌연 출국해 8개월 뒤에서야 귀국했다.

그렇다면 검찰이 출국금지를 검토하고 있는 것은 아닐까? 혹시 출국해 버리는 일을 막기 위해서? 출입국을 담당하는 곳은 법무부. 법무부의 간부들에게 전화를 걸었다.

"김승연 회장, 출국금지 했다면서요?"

세 번째 통화에서 한 국장급 간부가 반문(反問)으로 내 추측이 맞았음을 확인해 줬다.

"중수부가 브리핑을 한 거야?"

다음날인 11월 26일 자 〈동아일보〉 A1면의 기사 제목은 "김승연 한화 회장 출국금지 … 대한생명 인수과정 로비 의혹 본격 수사"였다.

대한생명 인수과정 수사는 해를 넘겨 계속됐다. 2005년 1월 26일, 검찰은 한화 채권이 여권의 중진 정치인에게 건네진 정황이 포착됐다고 했다. 수사 속보가 게재된 날, 한나라당 소속 보좌관 A가 내게 전화를 걸어왔다.

A는 열린우리당 의장(대표)을 지낸 이부영[8]이 한나라당에 있을 때 그의 비서관이었다. 한나라당 대선후보 경선(2002년 4월) 때는 이부영을 그림자처럼 수행했었다. 나는 당시 한나라당 출입기자였다.

A의 목소리는 긴장한 듯 꽉 잠겨 있었다. "대검 중수부에서 출석해 달라는 전화를 받았는데…." 검찰이 언급한 '여권 중진 정치인'은 이부영이었다!

나는 A에게 한화 측이 건넨 채권의 액수가 얼마나 되는지 물었다. A는

---

8) 노무현 정부 출범 후인 2003년 7월, 김부겸 · 김영춘 · 이부영 · 이우재 · 안영근은 '지역주의 타파'를 내걸고 한나라당을 탈당한다. 이들 다섯 명에게 붙은 별명이 '독수리 5형제'. 이후 새천년민주당 탈당파와 함께 열린우리당을 창당했다.

"한화 임원한테서 받은 건 1,000만 원짜리 채권 3장이 전부"라고 했다. A에게 "너무 걱정하지 말라"고 다독인 뒤 홍만표[9] 대검 중수부 수사기획관에게 전화를 걸었다.

"언급한 여권의 중진 정치인, 이부영이지요?"

홍만표는 답을 주지 않았다. 나는 "이부영의 자금 담당자와 통화했다"며 A와 통화한 사실을 소개했다. 확인한 액수도 이야기했다. 홍만표는 "틀린 건 아니다"고 했다.

2005년 1월 29일 자 지면에는 다시 단독기사가 게재됐다. "검찰, 이부영 내주 소환, 한화 채권 수수 혐의 포착." 1월 31일 자엔 "한화서 3천만 원 수수 시인 … 비서관 우선 소환"이란 단독기사도 실었다.

2006년 11월, 대법원은 이부영에게 벌금 3천만 원을 확정했다. A는 검찰 조사만 받았을 뿐 기소되지는 않았다. 대한생명이 '한화생명'이란 이름으로 새 출발을 한 것은 한화그룹에 인수된 지 10년 만인 2012년 6월이었다.

---

9) 전두환 대통령 비자금 사건, 한보그룹 비리 사건, 세풍 사건(국세청 동원 대선자금 불법 모금 사건) 등을 수사했다. 대검 중수부의 노무현 대통령 수사 때는 수사기획관이었다. 변호사 개업 후 2016년 6월 네이처 리퍼블릭 대표 정운호로부터 거액의 수임료를 받은 사실이 확인되며 구속돼 2년을 복역했다.

5번 소환, 4번 처벌

📷

한화그룹의 모태는 한국전쟁 중인 1952년에 설립된 한국화약이다. 1981년 설립자인 김종희 회장이 후계 체제를 준비할 겨를도 없이 타계하자 아들 김승연이 그룹을 맡았다. 그의 나이 29세였다.

이후 김승연은 한양화학(현 한화석유화학), 대한생명 등을 인수·합병하면서 그룹 매출액을 40배로 늘렸다. 그러나 회장 취임 이후 5번 사건에 연루돼 4번 형사처벌을 받았다.

악연은 1993년 불법 외화유출 혐의로 대검 중수부에 구속되면서 시작됐다. 사우디에서 건설사업을 수주하여 받은 돈을 국내에 들여오지 않고 홍콩 소재 은행에 분산예치했다가 다시 미국으로 빼돌린 것, 영화배우 실베스터 스탤론에게서 로스앤젤레스의 호화저택(470만 달러)을 매입한 사실 등이 드러나서 57일간 실형을 살다가 집행유예로 풀려났다. 8개월간 해외에 체류하다 복귀했다.

두 번째 수난은 2004년 대검 중수부의 불법 대선자금 수사. 한나라당 대표를 지낸 서청원에게 건넨 10억 원 등이 확인돼 재판에 넘겨졌다. 벌금 3천만 원이 확정됐다. 이후 대선자금 수사의 연장선상에서 대한생명 인수 로비 의혹을 수사한 곳도 대검 중수부였다. 최측근 김연배 부회장이 "모두 나 혼자 한 일"이라며 필사적으로 방어한 덕분에 김승연은 구속을 피했다. 김승연의 경기고 선배이기도 한 김연배는 1년 6개월을 복역하면서도 《다시 태어나도 이 길을》이란 제목의 책을 쓰며 변함없는 충성을 약속했다.

2007년에는 '아들 보복폭행' 사건을 일으켜 경찰서 유치장에 갇혔다. 대기업 총수로서 구치소가 아닌 경찰서 유치장에 갇힌 것은 김승연이 처음이었다. 이후 1심에서 징역 1년 6개월이 선고됐지만, 2심에서 징역 1년 6개월에 집행유예 3년, 사회봉사 명령 200시간으로 감형 받아 경영에 복귀할 수 있었다.

2011년 1월에는 부실 계열사 부당지원으로 회사에 수천억 원대 손해를 끼친 혐의 등으로 서울 서부지검에 소환됐다. 다섯 번째 소환이었다. "유독 (수사기관의) 조사를 많이 받는 것 같다"는 질문을 받자 그는 "팔자가 세서 그런 것 아니겠어요"라고 대답했다. 1심에서는 징역 4년을 선고받고 구속됐지만, 2심 재판 도중 구속 집행정지로 풀려났다. 사유는 건강 악화. 대법원은 징역 3년과 집행유예 5년을 선고했다.

'내가 당한 통화내역 조회' 단독보도

2004년 1월 29일

외교부에 출입한 지 얼마 되지 않은 2004년 1월 초, 외교부 간부 A와의 점심에 대학 선배이자 방송사 출입기자인 K도 함께했다. 현안에 대한 이야기가 나오자 A는 얼굴을 굳히더니 내뱉듯 한마디 했다.

"NSC(국가안전보장회의)가 조전(弔電, 조문을 표하는 연락) 보내는 일까지 일일이 상관해서야….."

A의 설명은 이랬다. 대통령 조전은 대개 외교부가 알아서 보내고 추후 보고한다. 대통령은 사후결재 정도만 한다는 것. 그런데 2003년 12월 27일에 이란 대지진이 발생하자 NSC는 '우리가 조전을 보내겠다'고 나섰다. 결과적으로 일본 등 다른 나라보다 하루 늦게 이란 정부에 조전이 도착했다는 것이다.

노무현 정부 출범 후 외교부와 NSC는 대외 정책을 놓고 의견 충돌을 빚고 있었다. NSC는 한국의 '자주'를 강조했지만, 외교부는 대한민국이 처한 현실에 입각해 한미동맹을 우선시해야 한다는 입장이었다. '자주파'(NSC)와 '동맹파'(외교부) 같은 희한한 단어도 등장했다.

2003년 9월 미국의 요청으로 시작된 이라크 추가파병 문제에서만 해도 양쪽은 규모와 성격, 시기 등을 놓고 서로 다른 목소리를 냈다. 미국이 1개 사단(12,000명) 규모를 요청했다는 이야기가 파다했지만, 자주파의 리더 격인 이종석[1] NSC사무차장(2006년 통일부장관 및 NSC상임위원장)은 1개 연대 규모인 "2,000~3,000명 선"이라고 잘랐다. 윤영관[2] 외교부장관은 내외신 기자회견에서 "(개인의) 아이디어 차원"이라고 비판했다. 외교부의 한 국장급 간부는 기자들에게 "민족의 자주를 대변하는 듯이 떠들면서 미국 사람들만 만나면 빌어서 해결하려는 사람도 있다"고 말하기도 했다.

2003년 11월 11일 노무현 대통령이 내놓은 파병 지침은 '3,000명 미만'. NSC의 승리였다.

〈국민일보〉2004년 1월 6일 자에는 작은 박스기사가 실렸다. NSC와 외교부가 조전을 비롯해 미 방북단의 영변 시찰 평가나 탈북 국군포로 귀환 등에까지 서로 다른 평가를 내렸다는 내용이었다.

---

1) '김일성 주체사상' 연구 1세대. 노무현 정부 출범 이후 3년간 국가안전보장회의(NSC) 사무차장을 맡아 노무현 정부의 외교·통일·안보 정책 전(全) 과정에 참여했다. 한미동맹, 이라크 파병, 자주국방 등 논란의 한가운데 위치해 '탈레반'이라는 별명을 얻기도 했다.

2) 서울대 외교학과 교수로서 2002년 대선 때 노무현 캠프의 통일·외교 분야 정책을 수립했다. 대선 이후에는 대통령직인수위 통일·외교·안보 분과 간사로서 노무현 정부의 외교·통일 노선인 '평화번영 정책'의 틀을 마련했다.

그러나 생각지도 못했던 일이 터졌다. NSC가 "NSC와 외교부는 갈등이나 이견이 전혀 없다"고 발표하면서 법적 대응을 하겠다고 밝힌 것이다. NSC와 가깝다는 평을 듣던 외교부 차관보 Y(이후 국회의원이 됐다)는 내게 면담을 청했다.

"NSC에 잘 이야기해 줄 테니 말해 봐요. 취재원이 누구인지⋯."

"취재원을 이야기하면요?"

"무덤까지 비밀을 갖고 갈 테니, 얘기해 봐요. 누군지."

나는 Y에게 면박을 주고 뒤돌아섰다. NSC와 외교부의 의견 충돌은 하늘에서 뚝 떨어진 별난 뉴스가 아니었다. 또 외교부 간부 A가 들려준 이야기는 대체 뭐란 말인가. A와의 자리에 함께했던 K도 황당해하기는 마찬가지였다.

토요일인 1월 10일 오후 1시, 전혀 모르는 번호로부터 전화가 걸려왔다. 토요일은 유일하게 쉬는 날이었기에 받을까 말까를 잠깐 고민했다. 외교부 국장 W였다. W의 목소리는 떨렸다.

"조 기자가 쓴 기사와 관련해 민정수석실 산하 공직기강비서관실에 불려가 한 시간 가까이 조사를 받고 나오는 길입니다."

W가 취재원인지를 강도 높게 추궁했다는 설명이었다. 황당했다. 게다가 대통령 민정수석실의 첫 질문은 "1월 5일 밤 11시쯤 전화로 조수진 기자와 무슨 이야기를 나눴느냐"는 것. NSC는 통화 사실을 알고 있었다는 얘기였다.

NSC 관련 기사를 작성한 것은 1월 5일 오후. 그날 밤엔 회식이 있었다.

나는 2003년 12월 말 인사에서 외교부로 발령이 난 '초짜 기자'였다. 당시 기자들은 외교부 간부의 사무실을 출입할 수 없었다. 노무현 정부가 기자와의 대면(對面) 접촉을 금지한다는 지침을 하달했기 때문이었다. 특히 새로 지은 외교부 청사는 각 층마다 보안카드가 있어야 출입이 가능한 구조였다. 나처럼 새로 배치된 기자는 취재원과 안면을 트기도 어려웠다.

외교부 담당 전임자였던 H는 내게 W, 장관 보좌관 L에게 전화를 걸도록 하더니 바꿔 받았다. H는 안부를 묻더니 후임자가 된 나를 잘 부탁한다고 했다. 실장급 C에게도 전화를 했으나 연결이 되지 않았다.

W의 이야기를 듣고 생각이 스쳐 지나갔다. 통화내역 조회! 민정수석실이 내 휴대전화 통화내역을 조회한 것 아닐까? W와 비슷한 시간대에 통화기록이 남았을 L에게 연락을 해 봤다. L도 역시 민정수석실에서 한 시간가량 조사를 받고 나왔다고 했다. 마찬가지로 "통화 사실, 통화가 이뤄진 시간까지 정확히 알고 있었다"는 것이다.

휴대전화 통화내역이 아니고서는 외교부 본부 직원 1,000여 명 중 기사가 나오기 전날 기자와 통화한 두 사람만 불러 조사를 했을 리 없었다. 더구나 두 사람이 추궁당한 것은 통화 내용이었다. 집 맞은편 이동통신사 고객센터로 달려갔다.

"신문사 기자입니다. 아무래도 통화내역을 조회당한 것 같은데요. 혹시 법원의 영장 없이도 가능합니까?"

직원은 잠시 망설이는가 싶더니 대답했다. "저… 청와대나 수사기관(검찰 등)은 열람할 수 있는 걸로 아는데요."

집에 돌아와 W에게 전해 받은 번호로 민정수석실에 전화를 걸었다.

— 외교부 간부 두 사람이 제가 쓴 기사와 관련해 조사를 받은 것으로 알고 있습니다.

"경위를 알아보고자 했습니다."

— 공교롭게도 기사가 나가기 전 제가 전화를 걸었던 분들입니다. 통화내역을 조회했습니까?

"우리(청와대)는 안 했습니다."

— 통화내역 조회는 영장 없이도 가능하지요?

"영장을 받아야 할 수 있지요."

— 민정수석실이 통화내역을 조회하지 않았다면 어디서 했습니까?

"답할 수 없습니다."

— 존함이 어떻게 되십니까?

"저는 허○○입니다."

— 직급은 어떻게 됩니까?

"과장입니다."

그날 밤, 청와대에 출입하는 선배 P에게 빠짐없이 보고했다. P는 곰곰이 생각하더니 말했다.

"통화내역 조회 사실을 확인하자고. 그런데, 어떻게 해야 확인할 수 있을까? 방법부터 궁리해 보자."

1월 12일, 월요일 아침 외교부 기자실에서 통화내역 조회를 당한 것 같다고 이야기했다. 연합뉴스 등이 내가 제기한 의혹을 기사로 다뤘다. 윤태영 청와대 대변인은 "민정수석실에 알아본 결과, 통화내역 조회는 사실이 아니다"라고 부인했다.

곧 '청와대 관계자'가 희한한 발표를 내놨다. "외교부 일부 간부들의 '묵과하기 어려운 수준의 부적절한 언사'를 조사하고 있다"는 것이었다. "김정일 호감세력이 노무현 대통령 지지세력", "한나라당이 총선에서 제 1당이 되면 대통령이 무력해질 것" 등 한나라당 원내총무 홍사덕의 발언이 외교부 회식 자리에서 인용됐고, 이에 민정수석실이 공직기강 점검 차원에서 외교부 간부들을 조사했다는 것이었다. NSC사무차장 이종석 역시 "발설 혐의자를 압축해서 민정수석실에 조사를 의뢰한 것"이라며 비슷한 결의 언급을 내놨다.

그러나 W와 L은 처음부터 "조수진 기자와 무슨 이야기를 나눴느냐"고 추궁당했다. 또 부적절한 발언을 했다손 쳐도 사석에서 한 발언에 어떻게 '괘씸죄'를 적용한다는 것인가.

1월 15일, 노무현 대통령은 윤영관 외교부장관을 전격 경질했다. 언론사 경제부장단 오찬간담회에서는 경질 배경도 직접 밝혔다.

"내가 결론을 낸 다음에도 계속 딴소리를 하고 브레이크를 걸면 대통령에 대한 항명(抗命)이다."

이라크 추가파병 규모가 3,000명 선으로 확정된 뒤에도 외교부에선 한미관계를 고려해 재고해야 한다는 의견을 개진했다. 이것이 노 대통령 입장에선 '항명'이란 논리였다.

대통령인사수석비서관 정찬용은 "외교부 일부 직원들이 의존적 대외 정책에서 벗어나지 못한 채 공·사석에서 국익에 반하는 부적절한 언행을 수차례 반복했다"고 말했다.

장관 이임식에서 윤영관은 "자주냐 동맹이냐, 국제파냐 민족파냐로 구분하는 것은 잘못된 이분법이다"거나 "동맹을 '숭미'(崇美)라고 하는 사람도 있지만, 숭미는 '용미'(用美)와는 엄격히 구분돼야 한다"는 등 그답지 않은 '작심 발언'을 쏟아 냈다.

내가 방아쇠를 당긴 외교부 사태는 걷잡을 수 없이 커지고 있었다. 나로서는 통화내역 조회를 입증하는 것이 중요했지만, 진척이 이뤄지지 않았다.

돌파구를 연 것은 P였다. P는 한나라당 의원 권영세를 만나 S통신사 담당 상무 A의 연락처를 받아 냈고, 법원의 영장 없이 어떻게 기자의 통화내역을 들여다볼 수 있는지 알아봐 달라고 요청했다. 권영세는 통신사 소관 상임위원회인 국회 정보통신위원회 소속이자 국가정보원 파견 검사 출신이었다.

1월 27일 밤 11시, P가 전화를 걸어왔다. 택시를 타고 집으로 가다 A 상무와 통화를 했는데, '다 알고 있다', '청와대 행위는 불법이다'라는 등 압박을 가했더니 실토하더라는 것. 국가정보원이 "외교 정보가 누출되고 있다"며 나에 대한 통화내역 조회를 요청했고, '관행'에 따라 자료를 내줬다는 설명이었다.

대통령 민정수석실의 허 과장이 "민정수석실이 한 건 아니다"라고 대답한 데엔 이유가 있었다. 기자의 통화내역을 조회해 준 곳은 국정원이

2004년 2월 17일, 국회 과학기술정보통신위원회 소속 의원들이 종로구의 한 통신사 본사에서 조수진 기자 휴대전화 통화내역 조회와 관련된 자료의 열람을 요구하고 있다. (사진 = 권주훈 〈동아일보〉 기자)

었다. 국정원이 개인의 통화내역을 살펴볼 때는 법원의 영장이 필요 없었다. 다만 '국가안전보장 위해(危害) 방지에 필요한 경우'에 한해서만 통화내역 조회가 가능했다.

2004년 1월 29일 자 〈국민일보〉 1면과 종합면에는 "청와대, 국정원 통해 기자 통화내역 조회"라는 제목의 단독기사가 실렸다. 1면 스트레이트 기사[3]는 P가, 법적 문제점을 해설한 종합면의 기사는 내가 썼다.

해설 기사를 쓰며, 나는 박정규[4] 변호사에게 법률 자문을 구했다. 박정

---

3) 스트레이트 기사는 사실 전달을 목적으로 하여 사건·사고 등 뉴스를 객관적으로 기술하는 형태의 기사이다. '스트레이트 부서'라는 말은 스트레이트 기사를 주로 다루는 부서인 정치부·사회부 등을 일컫는다.

4) 노무현의 고향 후배. 사법시험 준비를 함께 했다. 사시 합격은 노무현(17회)보다 5년 늦었다. 성격이 화통하여 검찰 재직 당시 따르는 후배들이 많았다. 대검찰청 공보관 시절(1995~1997년) '한보 사건'을 취재하던 출입기자들에게 매일 아침 김밥을 나눠준

규는 특유의 부산 사투리로 시원한 답을 들려줬다. 그는 대통령 노무현은 물론, 당시 민정수석이던 문재인과도 막역한 사이였다.

"민주사회에서 그런 일이 있어서야 되겠습니까? 개인의 사생활은 물론 언론자유 보호라는 차원에서 절대 있을 수 없는 일이죠. 불법성 여부를 넘어서서 국가기관의 권한 남용, 한마디로 도덕성 문제로 봐야지요. 그런데, 와(왜)?"

노무현 정부가 금과옥조처럼 강조한 것이 도덕성이었다. 권력기관이 비판적인 보도를 뒷조사한다면 어느 간 큰 취재원이 정보를 건넬 수 있겠는가. 모든 매체가 사건을 비중 있게 다루기 시작했다. 1월 30일 자 〈경향신문〉 사설을 일부 옮겨 본다.

기사는 외교부와 국가안전보장회의(NSC) 간의 알력에 관한 것이며 전제가 된 몇 가지 팩트(사실)도 그다지 새로울 것이 없는 내용이었다. 그런 기사를 국가 안위를 위하는 사항으로 해석했다고 하니 억지도 보통 억지가 아니다.

더욱이 문제는 파문이 불거지고 나서 청와대 측과 국정원이 보이고 있는 한심한 태도다. "조사를 문의했을 뿐", "조사 대상이 아닌 것으로 통보했다"며 변명과 발뺌으로 일관하고 있는 것이다. 통화기록 조회 요청을 안 했고, 조회를 안 했다면 기자와 통화한 외교부 직원들이 족집게처럼 조사받은 사실은 무엇을 말하는가.

일화로 유명하다. 2009년 대검 중수부의 '박연차 게이트' 수사에서 민정수석 재임 때 박연차로부터 백화점 상품권 1억 원어치를 받은 사실이 밝혀져 구속됐다.

눈 가리고 아웅 하는 식으로는 문제를 풀 수 없다. 정부는 당장 잘못을 시인하고 재발 방지를 약속하는 당당한 태도를 보이기 바란다. 위법이 있었다면 그 책임도 져야 한다. 그렇지 않다면 권력자들의 잦은 거짓말로 이미 바닥에 떨어진 정권의 도덕성이 회복불능의 상처를 입을 수도 있음을 알아야 한다.

2월 10일 프레스센터에서는 한국기자협회(회장 이상기) 주최 토론회가 열렸다. 주제는 "정부의 기자 통화내역 조회와 언론 자유". 패널로 참석한 김구철 KBS 기자는 "〈군사기밀보호법〉이 있었던 제5공화국 시절이나 〈긴급조치 9호〉가 있었던 유신 시절에나 있을 법한 일이라는 느낌을 받았다"고 비판했다. 변호사 패널은 이석연 변호사[5]였다.

통화내역 조회. 생각할수록 씁쓸한 사건이다. 기자는 언제, 어디서나 탐정의 시각과 후각을 잊어선 안 된다.

---

5) 검정고시로 고교 졸업자 자격을 얻고 대학에 입학했다. 행정고시에 합격해 법제처 사무관으로 공직 생활을 시작했다. 사법시험 합격 후 1989년 헌법재판소가 출범하자 헌법연구관이 됐다. 2004년 〈행정수도이전특별법〉에 대한 헌재의 위헌 결정을 이끌어냈다.

노무현·문재인의 친구, 박정규

📷

박정규는 노무현과 문재인, 두 대통령과 독특한 인연이 있다. 노무현과 문재인을 이어준 사람이 바로 박정규였다. 노무현 정부 시절, 청와대 대변인 윤태영이 2005년 발명의 날(4월 19일)을 맞아 청와대 홈페이지에 공개한 에피소드 "발명가 대통령의 미완(未完)의 사업"과 문재인의 책 《운명》에는 모두 박정규가 등장한다. 두 글의 해당 부분을 옮겨 본다.

> 노무현 대통령의 첫 발명품은 독서대였다. 30여 년 전 경남 김해시 장유면 불모산에서 사법시험 공부를 하던 중 어떤 자세에서도 편하게 책을 볼 수 있도록 고안한 것이다. 함께 고시공부를 하던 박정규 등 2명이 이 독서대의 효용을 확인하고 특허등록까지 했다.
>
> 사법시험(17회)에 합격한 노무현 대통령은 공부를 함께했던 이들과 함께 부산의 한 후견인으로부터 500만 원을 투자받아 독서대 사업에 나섰으나 1년 만에 투자금을 모두 날리고 고작 30만 원만 남긴 채 사업을 정리했다. 대통령은 변호사로 개업한 직후에 투자금 500만 원을 갚았지만 박정규 등에게는 한동안 비밀로 했다.
>
> "발명가 대통령의 미완의 사업" 중

나와 노 변호사를 소개시켜 준 건 사법시험 동기(22회)이자 후임 민정수석을
하기도 한 박정규였다. 박정규는 사시에 늦게 합격했다. 우리 동기들 가운데
나이가 몇 번째로 많았다. 일찌감치 연수원 마치면 변호사의 길을 가겠다고
생각했던 것은 정작 그였다.

옛날 김해 장유암에서 노 변호사와 고시공부를 함께했던 인연이 있었다. 먼
저 고시에 붙어 판사를 마치고 부산에서 변호사로 활동하던 노 변호사로부터
"같이 일하자"는 제의를 받은 터였다. 노 변호사는 연수원 마치고 합류할 박정
규를 위해 자신의 사무실에 방과 책상까지 모두 마련해 놓았다. (중략)

그런데 문제가 생겼다. 박정규가 검사로 임용된 것이다. 노 변호사가 준비
했던 계획이 시작도 하기 전에 허사가 됐다. 그러니 박정규는 노 변호사에게
미안해하다가 마침 내가 변호사를 하게 되자 자기 대신 나를 소개한 것이다.
한번 만나 보라고 해 노 변호사를 찾아갔다. 나는 그때까지 노 변호사를 전혀
몰랐다. 생판 초면이었다.

《운명》 26~27면

안희정 등 특별사면 단독보도

2006년 8월 9일

내가 열린우리당과 민주당을 함께 맡고 있던[1] 2006년 8월 8일. 광복절을 앞두고 정치권의 관심사는 단연 '정치인 특별사면'이었다. 그러나 오전 10시 국회 정론관[2]에서 이뤄진 열린우리당(당시 여당) 우상호 대변인의 정례 브리핑에는 알맹이가 없었다.

---

1) 노무현 대통령은 2002년 12월 대선에서 새천년민주당 후보로 당선됐다. 그러나 취임 직후 신당(新黨) 창당을 사실상 지휘했다. 2003년 11월 10일 열린우리당이 창당되면서 새천년민주당은 신당에 합류하지 않은 사람들이 남은 야당으로 전락했다. 대통령을 배출한 정당이 집권한 지 1년도 안 돼 쪼개진 것은 유례가 없는 일이다. 이 시절 정치부 여당 출입기자는 열린우리당과 새천년민주당을 함께 담당했다.
2) 정론관(正論館)은 국회 본관 1층에 있는 국회 브리핑 룸이다. 국회의원에게는 언론을 만나는 창구, 국회 출입기자에게는 정치인을 가장 가까이서 만날 수 있는 취재의 제1 선이다. 2018년 5월 기준으로 국회 출입기자는 1,700여 명이다.

— 광복절 특사는 어떻게 진행되고 있나.

"우리 당은 경제사범과 민생사범 등 두 가지 영역에서 사면·복권이 필요하다는 판단이다."

— 정치인이 포함될 가능성은.

"현재로선 고려하지 않고 있는 것으로 안다."

— 정치인 사면을 청와대에 건의 했나.

"그 부분은 없다."

열린우리당은 전해철[3] 대통령민정수석(2018년 현재 국회의원)을 통해 노무현 대통령에게 경제사범과 민생사범의 사면 필요성을 건의한 상태였다. 대기업 총수는 제외하되 고유가, 환율 하락 등으로 침체된 경제 환경을 고려하자는 것. 하지만 정치인 사면과 관련해 "'현재로선' 고려하지 않고 있다"는 우상호의 '조건부 언급'이 찜찜했다.

우상호의 브리핑 30분 뒤, 정론관 단상에 오른 사람은 민주당 의원 이낙연. 그는 전날 권노갑[4] 전 의원을 면회하고 왔다며 자신의 홈페이지에 올렸다는 대화 내용을 한 번 더 소개했다. 김대중 정부 시절 '권부'(권노갑

---

3) 전해철은 사법시험 합격 후 천정배가 만든 법무법인 '해마루'에 들어갔다. 거기서 노무현 변호사를 만났다.

4) 김대중의 분신(分身). 1961년 강원도 인제 국회의원 보궐선거 때 김대중의 비서로 정계에 입문해 2009년 8월 18일 김대중 서거 때까지 지근거리에서 보좌했다. 김대중의 목포 북교심상소학교(초등학교)와 목포상고 6년 후배. 자신의 묘비에 "김대중 대통령의 영원한 비서실장"이란 14자(字)만 새겨달라고 일찌감치 자식들에게 당부했다.

권노갑은 1961년부터 2009년 김대중 서거 때까지 50년 가까이 김대중을 보좌했다. 사진은 1996년 새정치국민회의 당사 복도에서 함께 숙의하고 있는 총재비서실장 권노갑(왼쪽)과 총재 김대중. (사진 제공 = 권노갑 전 의원)

부통령)로 불렸던 권노갑. 그는 '현대 비자금' 사건으로 2004년 10월 대법원에서 징역 5년과 추징금 200억 원이 확정돼 의정부 교도소에 수감돼 있었다. 이낙연의 권노갑 면담기엔 흥미로운 대목이 많았다.

8월 7일 오후 권노갑 전 민주당 최고위원을 면회했습니다. 단둘이 한 시간 이상 얘기를 나누었습니다. 지난 십수 년 동안 당신에게 닥친 기구한 일들을 주로 회고하셨습니다. 더러는 서운하거나 억울한 일도 적지 않은 듯했습니다. 그러나 그 누구도 원망하지 않는다고 하셨습니다.

너무도 인상적인, 뜻밖의 말씀을 하셨습니다. 요즘 교도소 안에서 날마다 영어사전을 찾아가며 영어책과 영어신문을 보신다고 하셨습니다. 그러면서 "여기서 나가면 영어 동시통역사 자격시험을 보고 싶다"고 하시는 것이었습니다.

1930년생이니까, 한국 나이로 77세이십니다. 그런데 동시통역사 자격시험을 보고 싶으시다니, 어찌 놀라지 않겠습니까. "실제로 동시통역을 하겠다는 것이 아니라, 내가 여전히 뭔가를 할 수 있다는 것을 확인하고 싶다." 저와의 대화에서도 중간중간 영어를 쓰셨습니다.

권 고문은 젊은 시절에 영어교사로 일하신 적이 있습니다. 김대중 의원의 비서관이 되기 직전인 1959년부터 1962년까지 목포여고에서 영어를 가르치셨습니다.

저는 상쾌한 감명을 받았습니다. 77세의 노인이, 게다가 영어(囹圄)의 몸으로 그런 꿈을 꾸시다니…. 이번 면회는 제가 위로해 드린 것이 아니라, 권 고문께서 저를 격려해 주신 것이 됐습니다.

동시통역사 자격시험을 보고 싶다는 권 고문의 꿈이 빨리 이루어졌으면 좋겠습니다. 사면복권 돼야 합니다. 당뇨 합병증을 앓고 계십니다. 발톱이 모두 빠진 일도 있습니다. 수감 생활도 벌써 3년 6개월째입니다. 이제는 국가가 선처할 만도 하다고 저는 생각합니다.

권 고문뿐만이 아닙니다. 국가의 관용을 기다리는 딱한 사람들이 많습니다. 저는 국민화합을 위해서라도 광복절 특사가 대규모로 이루어지는 것이 좋겠다고 믿습니다. 다른 사람을 통해 노무현 대통령에게도 이런 취지의 말씀을 드린 적이 있습니다.

이낙연은 정치부 기자 시절에 김대중과 인연을 맺었다. 기자로서의 재능을 눈여겨봤던 김대중은 '지하벙커'[5]에서 독대할 수 있는 '특혜'를 줬다. 2000년 16대 총선 때 권노갑이 새정치국민회의 총재였던 김대중에게 이낙연 공천(전남 함평-영광)을 권유한 것에는 이유가 있었다.

2002년 대선에서 이낙연은 새천년민주당 선거대책위원회 대변인과 노무현 대통령 당선인 대변인을 잇달아 맡았다. 그러나 대선 승리 이후 갈라섰으며, 친노(親盧, 친노무현) 그룹이 열린우리당을 창당하자 새천년민주당에 남았다. 하지만 2004년 노무현 대통령 탄핵소추안 표결에서 이낙연은 반대표를 던졌다. 민주당 의원으로서는 이례적이었다. 이후 노무현은 이낙연에게 공을 들였다. 노무현의 최측근이던 염동연[6]은 노무현이 이낙연에게 열린우리당 입당을 권유하고 있다고 공개했다.

그런데, 권노갑과 노무현, 두 사람과 이렇게 각별한 관계에 있는 이낙연이 권노갑의 광복절 특사를 노무현에게 요청했고, 권노갑을 면회까지 했다는 것이다.

5) 김대중 동교동 사저에는 지하서재가 있다. 김대중은 중요한 보고서를 읽거나, 생각을 다듬을 때 이 방으로 들어가곤 했다. 믿을 만한 사람을 이곳에 초대해 정국을 논하기도 했다. '지하벙커'란 명칭은 동교동 출입기자들이 붙인 것이다.
6) 염동연은 1987년 6·29선언 당시 김대중의 장남 김홍일의 요청으로 김대중 외곽 청년 조직인 연청(민주연합청년동지회)에 참여했다. 새정치국민회의 사무부총장이던 1997년, 차기 대권주자로 노무현을 지목했다. 2002년 새천년민주당 대선후보 경선에서 '광주 노풍'(盧風, 노무현 바람)을 점화시킨 것도 그였다. 그러나 2007년 초 열린우리당을 탈당하면서 친노와는 결별했다.

대통령의 고유 권한인 특별사면(특사)은 형의 집행을 면제해 주는 사면(赦免), 상실하거나 정지된 자격을 회복시켜주는 복권(復權), 형기를 단축해 주는 감형(減刑)을 통칭하는 용어다. 형기의 3분의 1 이상을 경과한 경우에는 가석방 대상이 된다.

이낙연이 환기시켜 준 권노갑의 형기는 이미 반을 넘긴 상황이었다. 권노갑이 특사 명단에 포함된 것 아닐까? 출소 후의 꿈을 이야기한 것은 특사에 대한 언질을 받았기 때문 아닐까? 그렇다면 정치인 특사가 있다는 것 아닌가.

정치인 특사는 통상 정당별·계파별 안배가 이뤄진다. 야당의 반발을 잠재울 수 있고, '국민 화합'이라는 명분도 쌓을 수 있어서다. 노무현 정부 출범 후 정치인이 표적이 된 대형 검찰 수사는 대선자금 수사와 측근비리 수사 두 가지. 이 두 가지 사안으로 형사처벌됐지만 특사 혜택을 받지 못하고 있는 사람들의 명단을 짜 봤다.

숫자는 많지 않았다. 바로 한 해 전인 2005년 광복절 특사 때 정대철·이상수(열린우리당), 김영일·신경식(한나라당) 등 대선자금 수사로 처벌받은 정치인 13명이 한꺼번에 사면·복권됐기 때문이다. 대선자금 수사와 관련해 여권에선 안희정, 신계륜 정도만 남겨 놓고 있었다.

2002년 대선 때 노무현 캠프의 '금고지기'였던 안희정은 삼성그룹 등 기업체에서 65억여 원의 불법자금을 받은 혐의(정치자금법 위반 등)로 구속됐다. 그러나 형기 1년을 채우고 출소(2004년 12월)한 상태였다. 그리고 2002년 대선 때 노무현 후보의 비서실장으로서 정몽준 국민통합21 후보 측과 '단일화'를 성사시킨 신계륜은 대부업체 '굿머니'로부터 불법 정치자금을 받은 사실이 드러나 의원직을 상실(2006년 2월)했다. 두 사람 모두 '형(刑) 확정'이란 사면의 조건을 충족하고 있었다.

대선 일등공신인 두 사람이 사면을 받으면 공직에 나설 수 있는 길이 열리게 된다. '거물급' 두 사람을 구제하기 위해서는 야당의 중량급 인사를 함께 사면할 것이란 데도 생각이 미쳤다. 야당에서 대선자금 수사와 관련해 특사 혜택을 받지 못한 사람은 서청원이 유일했다. 안희정, 신계륜, 권노갑, 서청원. 이 네 사람만 놓고 여당의 당 3역(대표-원내대표-사무총장)과 주변 인물들에게 연락하여 확인을 구했다.

'퍼즐 맞추기' 끝에 나온 8월 9일 자 〈동아일보〉 A1면 톱기사는 "안희정·신계륜 8·15 사면될 듯 … 서청원 사면, 권노갑 감형". 같은 날 A신문의 1면 사이드 톱은 "8·15 특사, 현재로선 검토 안 해"라는 제목이었다. 여당 대변인 브리핑 중 "현재로선"이라는 단어를 놓고 다른 판단, 다른 접근을 한 것이다.

8월 9일, 정태호 청와대 대변인은 브리핑에서 다음과 같이 발표했다.

"사면·복권의 기준과 대상을 검토 중이다. 11일 국무회의에서 대상자가 최종 결정될 것이다."

안희정·신계륜 등의 포함 여부는 "확인해 줄 수 없다"고 즉답을 피했다. "맞다"고 확인해 준 것이나 다름없었다. 14일로 공지됐던 국무회의가 11일로 사흘 앞당겨진 것도 눈길을 끌었다. 하루라도 매를 일찍, 덜 맞겠다는 생각인 듯했다.

타사 기자들이 알지 못한 것을 보도한 특종이나 단독(單獨)기사에는 후속기사가 저절로 따라올 때가 많다. 한 여권 관계자는 노무현 대통령의 386 측근인 여택수[7]도 특사에 포함됐다고 귀띔했다.

여택수는 2002년 대선 때 노무현을 그림자처럼 수행했다. 그러나 대통령 제1부속실 행정관이던 2003년 8월, 롯데쇼핑 사장으로부터 현금 3억 원이 든 여행 가방을 건네받은 혐의로 구속됐다. 1심은 징역 1년, 2심은 징역 1년에 집행유예 2년을 선고하였고. 여택수는 상고를 포기했다. 형이 확정된 것이다.

여택수가 문제의 돈을 받은 시점은 노무현 대통령 취임 이후. 개인 비리였다. 그러나 여권 관계자는 "개인적으로 쓰지 않고 모두 당에 전달한 것으로 안다"고 했다. 사실인지 확인할 수는 없었지만 여택수 관련 기사는 8월 11일 자에 단독으로 실렸다.

8월 11일, 한명숙 국무총리는 국무회의를 열어 142명의 광복절 특사 명단을 의결했다. 안희정, 신계륜, 여택수, 서청원 등이 사면 및 복권됐고, 권노갑은 감형됐다. 두 번의 단독보도 내용 그대로였다.

"소속 정당 구분 없이 동일한 기준에 따라 공정하게 사면을 결정했다. 대선자금 문제는 임기 중 마무리 짓고 새로운 미래로 나가자는 노무현 대통령의 뜻에 따라 이뤄졌다."

---

7) 고려대 부총학생회장(1988년) 출신이며 노무현 '386 참모' 중 한 명. 노무현이 1997년 지방자치실무연구소를 운영할 때 대학 2년 선배인 안희정의 권유로 노무현과 인연을 맺었다.

뒷이야기
권노갑의 영어 사랑

📷

권노갑은 출소 후 영어 공부에 매진했다. 2011년 8월에는 한국외대 영문
학과 대학원 일반전형에 응시해 합격했다. 그의 나이 82세였다. 2년 만
인 2013년 8월, 영문학 석사학위를 취득했다. '외대 역사상 최고령 대학
원 입학생', '외대 역사상 최고령 석사학위 취득자'라는 기록을 세웠다.

권노갑은 1959~1962년 목포여고 영어 교사였다. 홀어머니가 돌아가시자 4년간의
영어교사 생활을 접고 상경해 고향 선배인 김대중을 도왔다. (사진 제공 = 권노갑 전 의원)

석사논문의 주제는 "존 F. 케네디의 연설문에 나타난 정치사상 연구"였다. 2014년 9월에는 모교인 동국대학교 대학원의 영문학 박사 과정에 입학했다. 1930년생 권노갑(2018년 6월 현재 89세)의 '열공'은 지금도 현재진행형이다.

김대중과 권노갑에겐 공통점이 있었다. 지독한 '영어 사랑'. 다만, 김대중은 영어 공부가 늦었다. 권노갑은 이렇게 회고했다.

"김대중 대통령은 1962년에 이희호[8] 여사와 결혼한 직후 공부를 시작했다. 당시 서울 종로 YMCA에서 딕슨 I, II, III[9]을 들었다."

이희호는 이화여전, 서울대 사범대 교육학과를 졸업하고 미국 유학을 다녀온 신(新)여성이었다. 김대중의 영어 공부는 '이희호의 수준'에 맞추기 위한 노력에서 시작됐을 가능성이 높다.

김대중은 1979년 고교 1학년이던 셋째아들 홍걸을 위해 '일기장 대화'를 나눴다. 홍걸의 일기 밑에 독후감을 붙이는 형식. 당시 김대중은 박정희에 의해 가택 연금 중이었다. 영어 공부에 대한 이야기도 여러 개가 눈에 띈다. 한 가지만 옮겨 본다.

---

8) 서울대를 나와 미국 유학까지 마친 인텔리 여성이었지만 1962년 노모(老母)와 중학생 두 아들, 앓아누운 여동생이 딸린 두 살 연하의 셋방살이 정치가 김대중과 결혼해 47년을 함께한 김대중의 '평생 동지'. 동교동 대문에 나란히 붙은 '김대중-이희호'라는 2개의 문패에서 두 사람의 관계를 엿볼 수 있다.
9) 영문학자 로버트 딕슨이 쓴 영어 교재이다. 특히 1950, 1960년대 대학생들 사이에서 인기를 끌었다.

7월 29일. 일요일. 흐림.

이미 여러 차례 말한 대로 영어 공부는 단어가 70%, 문법이 30%라고 하겠다. 그리고 영어 공부에서는 회화가 가장 큰 목적이 되어야 한다. 지금 우리나라 영어 교육은 일제 시대의 타성에 젖어서 문법 위주의 죽은 영어 교육을 해 왔다. 그 때문에 고등학교를 졸업하고도 서양 사람이 길 묻는 것 하나 대답 못 하며 대학을 졸업해도 벙어리가 되어 버리는 것이다. 영어 공부에는 단어는 단어장을 만들어서 되풀이 암기할 것, 책은 반드시 소리 내서(정확하게 발음하도록 힘쓰면서) 읽을 것, 관용구 또는 흔히 쓰는 문장 스타일을 많이 기억할 것 등이 필요하다.

감사원장 연임 단독보도

2007년 10월 10일

2007년 8월 10일, 노무현 대통령이 12명의 장·차관급 인사를 단행했다. 대통령 임기 만료를 6개월 앞둔 시점. 정치권은 감사원장과 검찰총장의 후속인사 여부를 주목했다. 전윤철[1] 감사원장(4년), 정상명[2] 검찰총장(2년)의 임기 종료일은 각각 11월 9일과 11월 23일이었다.

국회 인사청문회를 거쳐야 하는 고위직 인사는 지명부터 임명까지 1개월쯤 걸린다. 감사원장과 검찰총장의 임기가 끝날 때쯤 후임자를 지명하

---

1) 2003년 경제부총리로서 감사원장에 임명됐다. '정통 경제 관료'가 감사원 사령탑을 맡은 것은 처음이었다. 장관급 이상 정무직만 6번을 맡아 '직업이 장관'이란 표현이 등장했다.
2) 노무현 대통령과는 사법시험 동기이자 사법연수원에서 스터디 그룹을 만들어 함께 공부했다. 노무현 정부가 출범한 직후 법무부차관에 발탁됐다. 결과 도출 과정에서는 활발한 토론을 통해 다양한 의견을 최대한 받아들이되, 일단 결정되면 속도감 있게 추진하는 모습이 노무현과 닮았다는 평가를 받는다.

면 12월 중순부터 직(職)을 수행할 수 있다. 하지만 12월 19일 대선에서 당선될 차기 대통령이 인사권을 행사하지 못하게 된다. 감사원장은 헌법기관장이고, 검찰총장은 권력기관장이다. 노 대통령의 인사권 행사는 예민한 문제가 됐다.

사실상 '차기'를 예약해 놓고 있던 이명박 한나라당 대선후보는 노 대통령의 인사권 행사를 강하게 반대했다. 언론 인터뷰에서 "임기를 마치는 사람이 중요한 공직의 인사권을 행사하리라고는 보지 않는다"는 '경고'를 날렸다. 그러나 12명의 장·차관급 인선이 단행된 8월 10일, 천호선 청와대 대변인은 "대통령은 법률이 정한 바에 따라 인사권을 행사할 것"이라고 못 박았다. '새 감사원장과 검찰총장 인사는 노무현 대통령이 한다'고 예고한 것이다.

대통령과 감사원장, 검찰총장의 임기 만료가 다가올수록 청와대 대변인 정례 브리핑에서 출입기자들의 질문은 두 기관장의 인사에 맞춰졌다.

전윤철 감사원장의 임기 만료일을 딱 한 달 남겨둔 10월 9일. 청와대 정례 브리핑에서 천호선은 "새 감사원장 후보자를 곧 추천할 계획"이라고 밝혔다. 춘추관은 웅성거렸다. 이어진 백그라운드 브리핑[3]에서도 천호선은 "빠르면 내일(10월 10일) 깜짝 놀랄 만한 발표가 나올 수 있다"고 예고했다. 발표만 남았다는 얘기였다. 천호선은 "'정말 예상 밖'이란 평

---

3) 어떤 일이 벌어지게 된 배경 상황을 취재원을 공개하지 않는 조건으로 브리핑하는 것. 청와대 대변인이나 수석비서관의 백그라운드 브리핑 내용을 기사에서 다룰 때는 화자 (話者)를 "청와대 핵심 관계자" 정도로 기술한다.

가가 나올 것", "'부실 검증'이란 단어 자체가 나올 수 없는 분", "절대 낙마 못할 분" 등의 자신만만한 발언을 쏟아 냈다.

청와대 조직은 늘 정권 창출에 기여한 공신(功臣) 그룹 '어공'(어쩌다 공무원, 즉 별정직 공무원)과 '늘공'(늘 공무원, 즉 정통 관료)이 팽팽한 균형을 이룬다. 그러나 대통령 임기 말엔 '늘공'을 중심으로 '청와대 엑소더스' 현상이 두드러진다. 대통령 임기 내에 소속 부처의 '괜찮은 자리'로 돌아가기 위해서다. 어쩌면 '임기 말 대통령'처럼 외롭고 처량한 사람은 없을 것이다.

노무현 대통령의 임기 말 지지율은 가뜩이나 초라했다. 정권 재창출 가능성 역시 그만큼 희박했다. 비서관 한 명이 여러 자리를 겸직하는 현상도 도드라졌다. 그런데, 깜짝 놀랄 만한 인사? 부실 검증이란 말이 나올 수 없다? '송곳 검증'도 끝냈다? 청문회 낙마 가능성은 없다?

문득 '연임(連任) 아닐까' 하는 생각이 들었다. 4년 전 국회 인사청문회를 통과한 만큼, 청문회를 다시 하더라도 낙마할 가능성은 희박했다. 감사원장 임기 관련 규정을 찾아봤다. "감사원장 임기는 4년이며 한 차례 중임(重任)할 수 있다."

춘추관 옆자리의 K 선배에게 물었다. "감사원장, 연임되는 거 아닐까요?" K는 "에이, 설마…"라며 웃었다.

앞서 노무현 정부의 집권 초인 2003년 8월 25일, 감사원장 후보로 윤성식[4] 고려대 교수가 지명됐다. 윤성식은 대선 전엔 대선후보 정책자문교수단, 대통령직인수위원회 정무 분과의 위원을 지냈다. 정부 출범 후엔 대통령 직속 정부혁신·지방분권위원회 위원을 맡아 정부혁신의 밑그림을 제시하고 있었다. 뉴질랜드 정부혁신의 연구 결과를 담은 저서《정부개혁의 비전과 전략》은 노 대통령이 공무원들에게 일독(一讀)을 권할 정도였다.

청와대는 '9월 초 임명동의안 국회 제출, 인사청문회 후 9월 29일에 임명장 수여' 등 시간표까지 공개했지만, 야당은 '코드 인사'라며 강력하게 반발했다. 다급해진 노 대통령은 9월 25일 긴급 기자회견을 열어 동의를 호소했다. 그러나 새천년민주당의 분당으로 '1여 3야'의 4당 체제였던 국회는 바로 다음날 부결(否決)로 화답했다.

10월 10일, 새 감사원장으로 낙점된 인물이 바로 전윤철이다. 전윤철은 김대중·노무현 정부에서 공정거래위원장(1997~2000년), 기획예산처장관(2000~2002년), 대통령비서실장(2002년), 부총리 겸 경제부총리(2002~2003년)를 역임했다. 검증된 '김대중의 사람'을 내세워 새천년민주당에 잔류한 김대중계 인물까지 꽁꽁 묶음으로써 낙마 가능성을 차단하겠다는 의도였다.

그러나 야당은 국회 인사청문회에서의 일전을 별렀다. 후보자 것은 물론 배우자, 아들, 며느리의 초·중·고교 생활기록부와 대학 성적증명서까지 요구했다. 아들과 며느리의 것은 당사자 동의를 받지 못해 없던 일이 되긴 했지만.

---

4) 윤성식은 감사원장은 되지 못하였으나 이후 정부혁신을 총괄하는 위원장으로 재기했다. 박근혜 정부에서 국회 공직자윤리위원회 위원장을 지냈다.

오후 6시 30분. 기자들이 대부분 회사로 복귀한 춘추관은 조용했다. 전화를 돌리기 시작했다. "새 감사원장을 내일 발표한다고 합니다. 전윤철 감사원장의 연임입니까?" 여당 인사들은 모두 "모르겠다"고 대답했다. 답답한 마음에 당사자인 전윤철에게 전화를 걸었다. "그걸 왜 나한테 물어보느냐"며 톡 쏘는 답이 돌아왔다. '전봇대'[5]란 별명이 괜히 붙은 게 아니었다.

마지막으로 전해철 대통령민정수석에게 전화를 걸었다. 민정수석은 고위 공직자의 인사 검증을 총괄하는 자리. 그러나 전화를 받는다는 보장이 없었다. 청와대는 수석 및 비서관과 출입기자의 만남을 금하고 있었다. 전화나 문자 메시지에 답을 주는 사람도 적었다. 전해철이 전화를 받지 않는다면 물 건너가는 것으로 봐야 했다.

그런데 웬일인가? 신호음 두어 번 만에 전화를 받는 것이 아닌가. 통화는 오후 7시 30분쯤 이뤄졌다.

— 식사를 방해하진 않았나요. 새 감사원장 후보자가 궁금해서 전화 드렸습니다. 전윤철 감사원장 유임, 내일 발표합니까?

"아… 그게…. 아직 단정적으로 말할 수는 없지만…."

느낌이 왔다.

---

5) 1980년 육사 출신 장교들을 5급 공무원(사무관)으로 배치하던 이른바 '유신 사무관 제도' 철폐를 주장하면서 '뜻대'를 세운 게 별명으로 이어졌다는 게 전윤철 본인의 설명이다. 관가(官街)에서는 전윤철의 '불같은 성격'을 대변하는 용어로 쓰였다.

— 새 인물 찾기도 어렵고, 시간도 없고, 인사청문회나 국회 동의 등 절차까지 고려하면 '전윤철 유임' 밖엔 카드가 없는 것 아닙니까?

"가장 유력하게 검토하고 있는 것은 사실이지만…."

망설일 이유가 없었다. 2007년 10월 10일 자 A1면에는 "전윤철 감사원장 연임 유력"이란 단독보도가 머리기사로 실렸다.

10월 11일, 청와대는 감사원장 연임을 확정했다. 천호선 대변인은 "감사위원들도 11월과 12월 차례대로 4년의 임기를 마치고 물러날 예정이어서 대행 체제가 될 수 없다. 감사원장은 한 차례에 한해 중임할 수 있도록 돼 있다"고 발표했다. 한편 검찰총장 후임에는 임채진[6] 법무연수원장이 내정됐다.

대통령 인사권은 헌법에 규정된 대통령의 고유권한이다. '법대로'라는 노무현 정부의 주장은 일리 있다. 또 임기제 공직자는 법으로 정해 놓은 임기를 채우는 게 옳다. 그러나 현실은 그렇지 않았다.

김대중 정부를 계승했다는 노무현 정부만 해도 김대중 대통령의 임기 말인 2002년 11월 11일에 취임한 김각영 검찰총장을 2003년 3월 10일에 물러나게 했다.[7] 노무현 정부 출범 한 달 만이었다. 신임 대통령이 임명

---

6) 신중한 성격의 인물이다. '걱정이 많다'는 뜻에서 별명도 '임꺽정(걱정)'이다. 노무현 대통령 서거에 책임을 지고 2009년 6월 사퇴했다.

7) 김각영은 2003년 3월 '평검사들과의 대화' 후 노무현 대통령이 "지금의 검찰 지휘부를 믿지 않는다"고 하자 검찰총장에서 물러났다. 취임 4개월 만이었다.

하지 않았다는 게 사실상의 이유였다.

'감사원장 연임' 발표에 야당인 한나라당은 거세게 반발했다. 2003년 감사원장 청문회를 통과한 전윤철이 다시 청문회를 거쳐야 하는지도 쟁점이 됐다. 2000년 인사청문회 제도가 도입된 이후, 청문회를 통과하고 국회의 임명 동의까지 받은 공직자가 연임을 한 사례가 없었다.

연임하더라도 중도하차가 불가피하다는 점 역시 논란거리였다. 전윤철은 1939년 6월생인데 〈감사원법〉 제6조는 "감사원장의 정년은 만 70세"라고 규정한다. 새로 임기를 시작해도 2009년 6월까지만 재직할 수 있는 것이다. 2002년 11월 6일, 전윤철의 두 번째 감사원장 인사청문회는 이런저런 이유로 여야의 싸움장이 됐다.

전윤철은 연임 중인 2008년 5월 13일에 물러났다. 이명박 정부 출범 3개월 만이었다. 5월 9일 한승수 국무총리가 "전(前) 정부에서 임명된 공공기관장들은 스스로 신임을 묻는 게 도리"라고 하자 그 길로 지방으로 내려가 연락을 끊었다. 그리고 나흘 뒤(5월 13일) 오후 5시 감사원에서 긴급 기자회견을 열었다.

― 헌법이 정한 임기를 채우지 못했다.

"새 술은 새 부대에 담는 것이 좋을 것 같다고 생각한다."

― 청와대와 교감이 있었나.

"오후 2시에 대통령을 만나 사직서를 제출했다."

― 감사원장은 정권이 교체될 때마다 그만둬야 한다고 생각하나.

"그때 가 봐야 알 수 있다고 본다."

— 새 정부 초반에 사퇴했다면 더 좋지 않았을까.

"헌법 정신(임기 규정)에 따른 책무도 있지만, 새로운 정부가 새로운 구성을 할 수 있게 도와줘야 한다는 절박감도 있었다."

전윤철의 사퇴 사흘 후, 이명박의 복심(腹心) 원세훈 행정안전부장관 (2009년 3월~2013년 3월 국가정보원장)이 언론 인터뷰를 했다. "모양 좋게 나가게 하는 것으로 의견 일치를 봤고, 그런 의사를 전달했다"고 밝혔다. 전윤철을 퇴진시켰다는 것이다.

전윤철과 같은 날 지명된 임채진도 검찰총장 임기를 채우지 못했다. 임채진은 '박연차 게이트' 수사 도중 피의자 신분으로 조사를 받던 노무현이 자살(5월 23일)하자 사표를 제출했다.

2009년 6월 4일 퇴임 당일 기자간담회에서 임채진은 "정권교체기의 검찰총장은 치욕을 감내해야 하는 자리"라고 했다. 전직 대통령의 사망이란 이유만으로 물러나는 게 아니라는 뉘앙스였다. 수사 과정에 이명박 정부가 개입했는지 묻는 질문에도 "노" 대신 "노코멘트"라고 답했다.

노무현 정부의 청와대 생방송 정례 브리핑

📷

2007년 6월 25일부터 노무현 정부의 청와대 대변인은 카메라 앞에서 생방송으로 브리핑을 했다. 미국 백악관 대변인의 브리핑을 벤치마킹한 것이었다. 그날부터 청와대 대변인 브리핑은 오후 2시 30분 춘추관 2층 다목적실에서 진행됐다. 내·외신 관계없이 청와대 출입기자라면 참석할 수 있었다.

대변인은 먼저 현안을 설명하는 모두(冒頭) 브리핑을 했다. 이후 기자들이 손을 들어 질문하고 싶다는 의사를 표시하고 대변인이 지명하면 마이크를 건네받아 소속사와 이름을 밝힌 뒤 대변인과 질의·응답을 벌였다. 30분가량의 전(全) 과정은 KTV(한국정책방송) 홈페이지 및 청와대 브리핑 홈페이지를 통해 생중계됐다.

청와대는 정치, 경제, 사회 등 모든 분야의 국정 현안을 다룬다. 생방송 브리핑 도입 당시만 해도 아프간 피랍 사태, 남북정상회담 등 민감한 이슈가 많았다. 대변인의 표현 또는 질문에 대한 '애드리브'(ad lib, 각본 없는 즉흥적 발언) 하나하나가 자칫 일파만파 논란을 부를 수도 있었다. 기자들의 전방위적 '송곳 질문'을 대변인이 얼마나 매끄럽게 답변해 내느냐는 게 관전 포인트였다.

2008년 1월 23일, 천호선 청와대 대변인이 춘추관 2층에서 생방송 브리핑을 마치고 기자들과 계단을 내려가고 있다. 청와대 생방송 브리핑은 창(출입기자)과 방패(대변인)가 맞붙는 자리였지만, 끝난 뒤에는 서로를 격려할 줄 알았다. (사진 = 김경제 〈동아일보〉 기자)

생방송 브리핑은 첫날부터 마지막날까지 천호선 대변인이 맡았다. 그는 생방송 첫날(6월 25일), "생중계여서 몇 번 실수할 각오로 나왔다. 대통령비서실장(문재인)에게 몇 번 실수해도 좋다는 면책특권을 받아 왔다"고 했다. 그러나 노무현 정부 마지막 금요일이었던 2008년 2월 22일까지 대과(大過) 없이, 매끄럽게 진행해 냈다.

생방송 정례 브리핑은 이명박 정부 출범과 함께 폐지됐다. 박근혜 정부 때도 실시되지 않았다. 노무현 정부의 국정 철학을 계승했다는 문재인 정부에선 부활할 수 있을까.

마지막 브리핑을 하겠다. 참여정부 5년이 오늘로서 마무리 된다. 돌이켜 보면 어느 하루도 힘들지 않은 날이 없었고, 아쉬운 때도 적지 않았다.

5년 동안 참여정부의 공과를 놓고 하루도 조용할 날이 없을 정도로 논란이 계속됐다. 그러나 이제 참여정부의 평가가 역사에 맡겨진다. 그 평가가 언제 시작될지, 또 언제 끝날지, 끝나기는 하는 것인지 알 수가 없다.

평가가 지금과 달라질지, 아닐지도 알 수가 없다. 그러나 한걸음 뒤에서 심호흡을 하고 냉정하고 객관적인 평가가 이루어질 것을 기대해 본다. 그 평가에 여러분들이 쓴 기사, 여러분들이 만든 영상, 사진 하나하나가 아주 중요하고 소중한 자료가 될 것이다. 저희 브리핑도 하나의 자료가 되겠다.

사실 그동안 여러분들의 기사와 저의 브리핑과의 거리가 그리 가까웠다고 하기는 어려울 것이다. 그러나 여러분들은 참여정부를 누구보다도 가까이 봐서 잘 알고 있는 분들이다. 참여정부에 대한 역사적 평가의 과정에서 여러분들이 다시 증언자가 되어 주기를 기대해 본다.

정말, 정말 어려운 여건 속에서 수고 많으셨다. 아마도 가장 힘든 청와대 춘추관으로 기록되지 않을까, 다음 정부는 좀 나아지지 않을까, 또 나아졌으면 좋겠다는 기대도 한다. 여러분들과 때로는 긴장감도 있었고 논쟁도 있었지만 진심으로 여러분들과 함께한 시간 행복했다고 생각한다. 감사한다.

(일동 박수)

2008년 2월 22일(금) 천호선 청와대 대변인 고별 브리핑

▎강정구 구속영장 단독보도
▎2005년 10월 14일

2001년 8월 21일, 평양 8·15 평화통일대축전에 참석한 남측 민간대표단 337명을 태운 전세기가 김포공항에 도착했다. 입국심사대에 들어서자 공안당국은 이들 중 16명을 긴급체포했다. 동국대 교수 강정구도 포함됐다. 강정구는 미리 준비한 메모를 낭독했다.

만경대[1]에 가 보니 만경대 혁명열사 유자녀학원이 떠올랐다. 민족을 위해 희생하고 헌신해 온 분들의 자녀를 특별 교육하는 학교로 1940년에 세워졌다. 민족을 위해 헌신하고 충성한 분들을 기리고 자손에게까지 보상하는 것은 민족정기를 바로 세우는 것이다. (중략) 김일성 주

---

1) 김일성 생가가 있는 곳. 김일성이 태어났을 당시엔 '평안남도 대동군 고평면 남리'였다. 북한의 건물 이름이나 지명에는 '만경대'가 붙은 곳이 많다.

석 가문이나 주체사상을 찬양할 의사가 없었다. 단지 순간적으로 나타난 단상(斷想)을 방명록에 가벼운 마음으로 썼다. (중략) 방명록 기재라는 사소한 일 때문에 진통을 겪는 것은 민족과 통일을 위해 바람직하지 않다고 본다.

그러나 강정구의 태도는 불에 기름을 끼얹은 꼴이 됐다.

처음에 정부는 이들의 방북을 불허할 생각이었다. 북한 측이 정한 행사의 개·폐회식 장소는 '조국통일 3대 헌장 기념탑'이었다. 3대 헌장이란 북한의 '고려연방제 통일방안'을 뜻한다. 결국 대표단이 "개·폐회식 행사에 참여하지 않겠다"는 각서를 제출하며 방북이 성사됐다. 대표단엔 1989년 평양 세계청년학생축전에 참가했던 임수경[2] 등이 포함됐다.

그러나 약속은 지켜지지 않았다. 대표단 중 100여 명과 80여 명이 개막식(15일)과 폐막식(16일)에 각각 참석했고, 17일엔 강정구가 김일성 생가인 만경대를 방문해 방명록에 "만경대 정신 이어받아 통일위업 이룩하자"라고 썼다. 대학교수가 김일성을 찬양했다는 논란이 불거졌다.

강정구는 책이나 세미나에서 한반도 분단에 대한 미국 책임론, 주한미군 철수론 등 반미(反美) 성향을 드러내 왔다. 그는 〈국가보안법〉 위반 혐의로 구속(8월 24일)됐다. 그러나 한 달여 만에 보석금 1,000만 원을 내고 석방됐다.

---

2) 전국대학생대표자협의회(약칭 전대협) 대표로 선발돼 일본, 독일을 거쳐 1989년 6월 30일 북한에 입국했다. 당시 전대협 의장은 임종석이었다. 〈국가보안법〉 위반으로 징역 5년 등을 선고 받았지만 1992년 특별 가석방됐다. 17대 국회의원(민주당·비례대표)을 지냈다. 당시 당 사무총장이 임종석이었다.

2005년, 강정구는 논란의 한가운데 다시 섰다. 역시 그의 말과 글 때문이었다.

- 맥아더의 본색을 제대로 알면 동상은 당장 부숴야 한다(6월 20일 인천 통일연대 토론회에서).
- 6·25는 북한 지도부에 의한 통일전쟁이다. 미국이 개입하지 않았다면 전쟁은 한 달 이내에 끝났을 테고 우리가 겪었던 살상과 파괴라는 비극은 없었을 것이다. 전쟁 때문에 생명을 박탈당한 약 400만 명에게 미국이란 생명의 은인이 아니라 생명을 앗아간 원수다. 맥아더는 전쟁광(狂)이었다. 맥아더 동상도 함께 역사 속으로 던져버려야 한다(《데일리 서프라이즈》 7월 27일 자 기고 중에서).

문제는 강정구가 맥아더 동상을 철거해야 한다고 주장하면서 '철거'와 '사수'를 둘러싸고 진보-보수 단체의 충돌이 잇따르고 있다는 점이었다. 검찰은 강정구의 구속이 불가피하다고 봤다.

여권은 공개적으로 구속을 반대했다. 여당 대표(열린우리당 의장) 문희상[3]은 10월 10일 방송기자클럽 토론회에서 "'사상의 자유'가 있다는 것이 북한과 다른 우리의 강점"이라고 발언하였다. 여당에서는 구속이 옳지 않다는 주장이 쏟아졌다.

---

3) 김대중 정부 때 대통령 정무수석과 국정원 기획조정실장을 지냈다. 노무현 정부 초대 대통령비서실장으로 발탁됐다. 본명은 문정흥. 미스코리아 출신 방송인 이하늬의 외삼촌이자 원로 야구인 김영조의 사위이다.

이런 기류는 〈국가보안법〉 폐지론과 맞물린 것이었다. '국보법 폐지'는 노무현 대통령의 대선 공약이었다. 2004년 9월 5일, 노 대통령은 "〈국가보안법〉이라는 낡은 유물은 칼집에 넣어 박물관에 보내야 한다"며 직접 폐지 논쟁에 불을 지피기도 했다. 군사독재 시절 국보법이 반(反)정부 인사들을 탄압하는 수단으로 악용된 것도 사실이었다.

그러나 국보법은 남북의 분단과 대치라는 특수한 안보 상황에서 체제를 수호하기 위해 만들어졌다. 북한체제의 근본적 변화가 없는 이상 존치돼야 한다는 주장도 비등했다. 북한이 끊임없이 주한미군 철수와 국보법 폐지를 주장해 왔다는 점도 미묘한 변수였다.

10월 12일 낮, 검찰총장 김종빈[4]은 출입기자 기자간담회를 열어 "강정구 사건에서 가장 중요한 것은 법의 잣대다. 헌법 정신과 실정법에 따라 처리하겠다"고 밝혔다. 구속영장을 청구하겠다는 선언이었다.

당시 김종빈은 법무부장관 천정배[5]를 며칠째 설득하고 있었다.

"국가는 하나의 유기체다. 가령 통일부는 통일부의 방식대로 전향적 사고를 발휘할 수 있겠지만 검찰은 감찰 본연의 역할이 있다. 어느 한쪽이 급히 가려 하더라도 다른 쪽은 브레이크를 밟아야 한다. 그래야 국가

---

4) 1990년 수원지검 강력부장으로 '화성 연쇄살인' 사건을 수사하면서 유전자 감식 기법을 최초로 수사에 도입했다. 2002년 대검 중수부장 때엔 현직 대통령(김대중) 차남 김홍업의 이권 개입 의혹 수사를 지휘하면서 구속을 막으려는 정치권의 압력을 거부하는 강단을 보였다.
5) 노무현이 2002년 단기필마로 새천년민주당 대선후보 경선에 출마하자 현역 의원으로는 유일하게 노무현 편에 섰다. 노무현 정부 출범 후 정동영, 신기남과 함께 '천신정'으로 불리며 열린우리당 창당을 주도했다.

가 운영될 수 있다. 검찰총장으로서 법과 원칙, 일선 수사 검사들의 의견에 따라 구속 수사할 수밖에 없다."

같은 날 저녁 6시 30분. 법무부장관 천정배는 "불구속 수사하라"는 서면지휘서를 김종빈에게 보냈다. 법무부장관이 수사지휘권[6]을 발동한 것은 사상 처음이었다. 출입기자 간담회에 앞서 사표를 써 자신의 집무실 책상에 두었던 김종빈의 예감이 적중한 셈이었다. 검찰은 동요했다.

강정구의 구속영장은 이미 준비돼 있었다. 검찰총장이 '헌법 정신'을 강조하면서 일찌감치 '구속 불가피' 방침을 밝힌 만큼, 그 내용을 파악해 볼 필요가 있었다.

지방에 내려가 있는 공안통 C가 생각났다. 노무현 정부 출범 후 공안 사건을 두고 청와대와 검찰의 잣대가 여러 차례 충돌하면서 C 역시 '좌천성 인사'를 당했다는 평가가 파다했다.

C에게 전화를 걸었다.

"주임 검사라면 강정구 구속영장을 어떻게 쓰겠습니까?"

C는 북한 노동당 통일전선부가 일본에 서버를 두고 운영하는 인터넷 사이트('구국전선')에 대한 설명부터 시작했다. "해당 사이트는 김일성 부자의 우상화, 북한 체제 찬양을 목적으로 한다. 2005년 1월엔 '올해는 남조선의 주한미군 철수 원년이다. 이는 맥아더 동상 철거에서부터 시작된

---

6) 〈검찰청법〉 제 8조는 법무부장관을 검찰 사무의 최고 감독자로 규정한다. 법무부장관은 구체적 사건에 대해 일선 검사를 지휘할 수 없지만 검찰총장에 대한 지휘감독권은 행사할 수 있다.

다'는 통일전선부 신년 메시지와 함께 강정구의 논문과 칼럼, 발언록이 게재됐다."

C의 설명을 종합해 보면 ① 강정구의 말과 글은 북한의 대남전위기구에 이론적 틀을 제공하고 "이제는 실천해야 한다"며 행동에 나설 것을 촉구하고 있어 단순한 학자로서의 견해 표명으로 볼 수 없다. ② 학문과 표현의 자유라는 경계선도 넘었다. 헌법 질서와 대한민국의 정체성에 혼란을 야기하는 국기(國基) 문란에 해당한다. ③ 대남전위기구가 '맥아더 동상 철거'를 독려한 이후 국내에서 철거운동이 시작됐다. 여기에서도 강정구의 말과 글은 이론적 틀을 제공하고 있는 것으로 볼 수 있다. ④ '재범'인데도 반성의 기미가 없다. ⑤ 구속은 불가피하고, 적용할 수 있는 혐의는 〈국가보안법〉 제 7조 1항(찬양·고무), 제 7조 5항(이적표현물 제작 및 배포) 위반이다.

C에게 한 가지를 더 물었다. "여권에선 증거 인멸과 도주의 우려가 없어 구속이 필요 없다고 합니다. 어떻게 생각합니까?"

C는 반문했다. "확신범이 증거를 없앤다거나 도주한다는 얘기를 들어 봤나?"

대화 내용을 토대로 영장을 재구성해 봤다. 그리고 대검 공안부 간부 2명에게 확인을 구했다. 두 사람 모두 "어떻게 확인했느냐?"며 내용이 정확하다고 인정했다. 40쪽 분량의 구속영장에는 구국전선의 신년 메시지를 담은 문건, 인터넷 사이트에 게시된 강정구의 강의 내용, 논문, 발언록이 포함됐으며, 강정구의 '맥아더 주장'을 다룬 조선중앙방송의 보도가 첨부된 사실을 추가로 확인할 수 있었다.

2005년 10월 14일 자 A1·A3·A4면에는 검찰이 준비해 놓은 강정구 구속영장의 내용이 단독으로 실렸다.

공교롭게도 이 기사가 실린 날, 검찰총장 김종빈은 법무부장관의 수사지휘권을 수용하겠다면서 용퇴 의사도 함께 밝혔다. 다음은 김종빈의 법무부장관 수사지휘권 발동에 대한 발표문 요지이다.

'검찰의 정치적 중립'은 검찰이 끊임없이 노력해 온 매우 중요한 가치이다. 역대 법무부장관이 수사지휘권을 행사하지 않고 자제해 온 것은 그 행사 자체가 검찰의 정치적 중립을 훼손할 수 있다는 우려 때문이었다. 이러한 점에서 법무부장관이 구체적 사건의 피의자 구속 여부를 지휘한 것은 심히 유감스럽게 생각한다.

그러나 타당하지 않다고 해 따르지 않는다면 검찰총장 스스로 법을 어기게 된다. 나아가 검찰은 통제되지 않는 권력기관이라는 비판을 받게 될 것이다. 따라서 법무부장관의 지휘를 수용한다.

다만, 법무부장관의 이러한 조치가 정당한 것인지는 국민이 판단할 것이다. 검찰은 이러한 사태에도 불구하고 추호의 흔들림 없이 실체적 진실을 발견하고 인권을 보장하는 본연의 소임을 다할 것이다.

이틀 뒤인 10월 16일, 노무현 대통령은 김종빈의 사표를 수리했다. 그날 저녁엔 여당의 법조인 출신 여당 의원 10여 명과 청와대에서 만찬을 함께하면서 '검찰 개혁'의 필요성을 역설했다. 대통령민정수석 문재인은 기자간담회에서 "부적절한 처신을 했다"며 김종빈을 비판했다.

취임(2005년 4월 4일) 직후, 검찰총장 집무실에서 업무를 보는 김종빈. 그는 취임식에서도 "일체의 부당한 압력과 간섭을 막아 내겠다"고 다짐했었다.
(사진 제공 = 강찬우 전 대검공보관)

10월 17일 오후 3시, 대검 15층에선 김종빈 퇴임식이 열렸다. 취임 6개월 만이었다.

"정치가 검찰 수사에 개입하고 권력과 강자의 외압에 힘없이 굴복하는 검찰을 국민은 바라지 않는다. 정치적 중립을 지키는 동시에 검찰권을 약화시키는 어떤 시도에도 단호하게 맞서 달라. 남북관계가 급변한다 해도 군사적 대치라는 현실을 감안할 때 헌법의 기본 이념인 자유민주주의의 기본질서를 위협하는 행동은 엄중 처벌할 수밖에 없다."

떠나는 김종빈에게 기자들은 "강정구 구속 의견은 소신이었느냐"고 물었다. 김종빈은 주저하지 않고 답했다.

"소신 없는 일을 하겠나. '불구속 확대'란 구속되지 않아야 할 사람들의

110

구속을 막자는 것이다. 구속돼야 할 사람은 반드시 구속돼야 한다."

김종빈 퇴임식 직후, 서울중앙지검 공안 1부는 '강정구 불구속 수사'를 결정했다.

다음날 새벽 6시. 나는 출근 전 서울 송파구 김종빈의 집에 들러 대문 앞에 과일 한 상자를 내려놓았다. 대문 앞엔 꽃다발이 있었다. 꽃을 두고 간 사람은 권재진[7] 대검 공안부장이었다.

김종빈 퇴임 한 달여 뒤인 10월 31일, 나는 어렵게 김종빈과 마주앉았다. '못다한 이야기'를 듣고 싶다고 간곡히 설득해 만든 자리였다. 퇴임식 이후 외부와의 접촉을 끊어 왔다는 그는 평온해 보였다. 심경을 묻자 "눈 앞의 안개가 걷히니 가을단풍이 아름답다"고 했다. 김종빈 단독 인터뷰 기사는 2005년 11월 2일 자 〈동아일보〉 A1면과 A4면에 게재됐다.

2005년 12월 26일, 동국대는 강정구의 직위해제를 결정했다.

1심과 2심 재판부에 이어 대법원은 "강정구의 행위는 국가의 존립 안정과 자유민주주의 체제를 위협하는 것으로서 북한에 동조하려 한 점이 인정된다"며 검찰의 공소 사실을 모두 유죄로 판단했다(2010년 12월).

나는 지금도 궁금하다. 사상 첫 법무부장관 수사지휘가 '강정구 불구속' 같은 사안으로 내려져야 했을까. 진보와 종북(從北)은 구분돼야 하는 것 아닐까.

---

7) 대표적인 공안통. 유머 감각과 친화력 등으로 검찰 재직 당시 신망이 높았다. 서울지검 형사 3부장이던 2000년, 영화 〈거짓말〉의 음란성 수사에서 관련자들을 무혐의 처리해 주목을 받았다. 퇴임 후 이명박 정부에서 대통령민정수석, 법무부장관을 지냈다.

뒷이야기
장군을 꿈꿨던 검사들

📷

"육사에 진학했다면 동기(육사 27기)가 됐을 텐데 신체검사에서 낙방했다니 저로서는 천만다행이다. 장관은 지역 안배가 작용하는 자리인데, 경합했다면 제가 장관이 될 수 있었겠나."

2007년 12월, 국방부장관 공관. 현직 국방부장관 김장수[8]는 전직 검찰총장 김종빈의 어릴 적 꿈을 듣고 이같이 말해 좌중을 웃겼다.

학비가 없는 육사는 1960, 1970년대에 가난한 수재들의 집합소였다. 김종빈도 육군사관학교에 진학하려 했다. 고교 3학년 때인 1966년 가을, 김종빈은 광주고에서 육사 진학을 위한 신체검사를 받았다. 결과는 낙방. 영양 상태가 너무 부실해 벌어진 일이었다. 그는 1967년 초, 고려대 법대 입학시험을 쳐 법학도가 됐다. 서울대 법대는 육사와 비슷한 시기에 시험을 쳐야 했기에 응시할 수 없었다.

김장수는 "저도 광주고에서 신체검사를 받고 육사에 진학했다"고 했

---

8) 육사 생도대장 출신. 야전 주요 지휘관과 정책부서의 작전전략 분야 핵심보직을 거쳤다. 육군참모총장 시절엔 '혁신 육군단'을 만들어 군 혁신을 꾀했다. 2008년 4월 한나라당 비례대표 후보 공천을 받아 18대 국회의원을 지냈다. 박근혜 정부 첫 대통령 국가안보실장을 거쳐 주중 대사에 발탁됐다.

다. 두 사람이 나란히 육사 27기생으로 임관했다면 어떻게 됐을까. 역사는 가정할 수 없는 것이다. 그러나 어느 부처든 주요 보직을 임명할 때는 '지역 안배'가 작용한다. 아마도 두 사람은 라이벌이 됐을지 모르겠다.

김장수는 2007년 10월 남북정상회담 때 스타덤에 올랐다. 김정일 북한 국방위원장 앞에서 허리를 꼿꼿이 세우고 한 손을 내밀어 악수를 나누는 모습은 국민들에게 깊은 인상을 줬다. '꼿꼿 장수'란 별명이 붙었다. 바로 옆에 있던 김만복 국정원장이 김정일에게 깍듯이 고개를 숙인 것과 극명한 대조를 이뤘다.

남북정상회담이 끝난 뒤 김종빈은 내게 김장수를 만나보고 싶다고 했다. 청와대 출입기자로서 남북정상회담을 다녀온 뒤였다. 국방부를 통해 김장수에게 연락하자 김장수는 단박에 수락했다. "저도 김종빈 검찰총장을 꼭 만나 뵙고 싶었다." 자리엔 나도 배석했다.

법무부장관을 지낸 이귀남[9]도 육사 진학이 꿈이었다. 아버지의 사업 실패로 생활이 어려웠던 이귀남은 서울 사는 삼촌 덕분에 서울 내 고교에 진학했지만 시력이 갑자기 저하돼 진로를 바꿔야 했다.

검사 출신인 자유한국당 대표 홍준표[10] 역시 집안 형편 때문에 학비가

---

9) 특별수사와 공안은 검찰의 양대 산맥으로 불린다. 이귀남은 대검의 중수부장과 공안부장을 모두 지냈다.

10) 1993년 서울지검 강력부 검사 시절 '슬롯머신 사건'을 수사해 '6공의 황태자'로 불린 박철언 등 권력실세를 구속기소하며 '스타검사'가 됐다. 홍준표를 모델로 한 SBS 드라마 〈모래시계〉가 큰 인기를 얻으며 '모래시계 검사' 별명도 얻었다. 김영삼의 권유로 정계에 입문했다.

필요 없는 육사를 목표로 공부했고, 합격(1971년, 육사 32기)하기도 했다. 그러나 아버지가 농협에서 비료 두 포대를 훔쳤다는 누명을 쓰자 검사가 되겠다며 법대로 진로를 바꿨다고 한다.

조은석[11] 법무연수원장(2018년 7월 현재)도 원래는 육사 진학이 목표였다고 한다. 고 3때인 1983년, 육사 면접에서 탈락한 뒤 법대에 진학했다.

검사(檢事)는 검사(劍士)에 비유되어 흔히 칼잡이라 불린다. 수사권을 갖고 인신 구속 여부를 결정하기 때문일 것이다. 육사는 '무관(武官) 양성소'다. 검사와 군인은 기질적으로 통하는 게 있지 않을까.

---

11) 초년병 때부터 특별수사를 많이 했다. 안희정, 김대중 장남 김홍일 등 정치인만 50여 명을 수사했다. 순천지청장이던 2012년에는 이석기(통합진보당 의원)의 선거 홍보비용 부풀리기를 통한 국고(國庫) 사기 사건을 수사했다. 대검 형사부장이던 2014년, 세월호 참사 당시 해양경찰에 업무상 과실치사 혐의를 적용하는 방안을 놓고 '혐의 적용을 하지 말라'는 윗선의 지시에 맞섰다. 이 일로 청주지검장으로 좌천됐고, 이후엔 수사권이 없는 사법연수원 부원장으로 전보됐다. 당시 대통령민정수석은 검사 임관 동기 우병우였다.

미국 정보기관 '김정일 사후' 보고서 특종보도

2008년 9월 24일

2008년 9월 9일, 북한의 정권수립 60주년 기념식. 김정일 국방위원장이 행사에 불참했다. 열병식에는 정규군이 빠졌다. 1991년 군 사령관 취임 이후 국가기념일에 빠진 일이 거의 없던 김정일이었다. 특히 1998년 정권수립 5주년, 2003년의 정권수립 55주년 등 이른바 '꺾어지는 해'의 행사에는 불참한 일이 없었다. '60주년'이라는 숫자가 갖는 의미만 봐도 이상한 일이었다.

김정일이 마지막으로 공개 석상에 모습을 드러낸 것은 8월 14일. 그 즈음 중국과 프랑스의 의료진이 북한에 들어갔다는 외신 보도가 나왔다. '김정일 건강 이상설'을 뒷받침하는 정황들이었다.

김정일의 건강 이상은 한반도, 동북아 정세에 만만찮은 변수였다. 북한의 권력구도 변화는 북핵 6자회담, 남북관계, 북한과 미국·중국·일본과의 관계 등에 영향을 미칠 수밖에 없었다. 한반도 상공에 뜬 각국의 정

115

찰위성을 비롯한 첨단 장비가 총동원돼 북한의 동태를 살폈다.

당시 나는 외교부에 출입하고 있었다. AP통신은 미국 당국자의 말을 인용해 김정일의 정권수립일 행사 불참이 뇌졸중(stroke) 때문일 것이라고 보도했다. 최근 2주 내 발생한 것으로 추정된다는 설명도 곁들였다.

9월 10일, 김성호[1] 국가정보원장은 국회에서 "뇌중풍(뇌졸중) 또는 뇌일혈로 보이나 특정하기는 어렵다. 수술 후 상태가 호전 중"이라고 보고했다. 김정일 나이 66세. 북한 체제의 변화 가능성을 상정해야 했다.

1년쯤 전, 100미터 앞에서 지켜본 김정일의 모습이 떠올랐다. 제 2차 남북정상회담 첫째 날인 2007년 10월 2일 오전 11시 50분, 나를 비롯한 청와대 출입기자들은 청와대 출발 5시간 만에 버스에서 내릴 수 있었다. 도착한 곳이 평양 '4·25 문화회관 광장'(4월 25일은 북한군 창건일)이란 걸 알게 된 것도 그때였다. 북한 안내원들은 어떤 질문에도 대답이 없었다. "도착해 보면 알 수 있습니다"는 말만 반복했다.

열을 맞춰 선 2만여 명의 평양 시민에 압도된 것도 잠시. 사람들이 갑자기 귀가 멍멍해질 정도의 "와!"하는 함성을 지르며 손에 든 꽃술을 요란하게 흔들어 댔다. 신문이나 TV에서만 보던 인민복 차림의 김정일이 나타났다. 두 번씩 '딱딱' 치는 박수 동작은 규칙적이었다. 활동사진을 보

---

1) 검사 출신. 사법시험(16회) 동기 박주선과 특별수사의 '양대 산맥'으로 불렸다. 대검 중수 2과장 때인 1995년, 총무처장관 서석재가 언급한 전직 대통령의 4,000억 원대 가·차명계좌 보유설, 전직 대통령 노태우·전두환 뇌물 비리 의혹을 잇달아 수사했다. 노무현 정부에서 국가청렴위 사무처장과 법무부장관을 지냈지만 노 대통령이 헌법소원을 제기한 '공무원 선거 중립' 문제를 두고 "합헌"이라고 발언했다가 친노 그룹의 공격을 받자 사퇴했다.

내가 입수한 "미국 정보기관 보고서" 문건의 도입부.

는 듯했다. 그러나 몸이 오른쪽으로 비스듬히 기울어져 있었다.

김정은의 건강이 호전 중이라는 국가정보원장의 보고 후, 추석(9월 14일) 연휴 직후였던 9월 17일. 외교부 근처에서 청와대 행정관들과 점심을 함께했다. 식사 후 일어나던 나는 A4용지 3쪽짜리 문건을 건네받았다. "시간 날 때 읽어 봐." 내용은 별 게 없었다.

외교부 기자실로 돌아와 문건을 반으로 접어 책상 위에 던져뒀다. 문서의 반대편 면에 적힌 글자가 눈에 들어왔다. "북한 김정일 권력승계 시나리오 전문." 백악관 국가안전보장회의(NSC)와 중앙정보국(CIA), 국방정보국(DIA) 등 미국 정보기관 5곳이 공동으로 작성한 합동 분석보고서! 가로면이 조금 잘려 있었지만, 읽는 데는 지장이 없었다. 수신처는 대통령 외교안보수석실과 국가정보원, 외교부, 통일부, 국방부, 국군 기무사령부로 돼 있었다.

문건은 김정일의 건강 이상을 ① 신체적 장애만 있을 경우, ② 의식불명이 장기화될 경우, ③ 사망할 경우 등 세 가지로 나눈 뒤 상황별로 권력 승계 문제를 분석하고 있었다.

김정일 사후(死後) 북한의 통치 구조에서 가장 중요한 역할을 담당할 인물로는 노동당 행정부장 장성택[2]을 지목했다. ① 집안이 좋고, ② 노동당에서 존경을 받고 있으며, ③ 북한 안보(보안)기관을 장악하고 있다는 등 세 가지를 근거로 꼽았다. 장성택은 김정일의 매제(妹弟)였으며 노동당 행정부장(2007년 10월 임명)이라는 직책 또한 국가보위성(국정원)·보안성(경찰청)·사법·검찰 등 공안기관을 총괄하는 요직이었던 것이다.

미 정보기관들의 합동 분석보고서는 9월 24일 자에 보도됐다. 전 세계가 김정일의 건강에 촉각을 세우고 있는 시점이었다. 〈아사히(朝日)신문〉 등 일본 언론은 〈동아일보〉를 출처로 밝힌 기사들을 실었다.

나는 일찍이 수습기자 시절에도 문서 뒷면의 힘을 경험한 일이 있다.

---

2) 1946년생인 장성택은 김일성종합대학 출신이다. 1972년 김정일의 여동생인 김경희와 결혼해 '로열 패밀리'가 됐다. 황장엽 전 조선노동당 비서는 회고록에 다음과 같은 일화를 실었다.
"장성택과 김경희는 경제학부 정치경제학과 동급생이었다. 언제부터였는지는 알 수 없지만 두 사람이 사귀고 있다는 소문이 들려왔다. 소문은 김일성의 귀에도 들어갔다. 김일성은 당장 장성택의 가족관계를 조사토록 지시했다. 장성택 아버지의 쪽 경력에 문제가 있다는 자료가 나왔다. 김일성은 자기와는 다른 계열의 활동가들을 배척하고 있었다. 화를 내면서 딸에게 당장 관계를 끊으라고 지시했다. 그러나 두 사람은 헤어지지 않았다."

1996년 6월 마포 라인(서대문·은평·서부·마포경찰서, 신촌 세브란스병원) 수습기자였을 때다. 여느 때처럼 새벽 4시 서대문경찰서 숙직실에서 눈을 떠 은평·서부·마포경찰서의 형사계와 교통사고조사계, 신촌 세브란스병원 응급실과 영안실을 순서대로 돌았다.

서대문경찰서로 복귀하기 전 잠시 근처 파출소에 들렀다. 전언통신문을 챙기기 위해서였다. 전언통신문이란 상급기관에서 하급기관에 공적인 일을 알리는 내용을 적은 글. 당시는 휴대전화가 없었다. 업무지시나 전달은 유선전화에 의존해야 했다.

왼손으로 전언통신문 문서철을 받쳐 들고, 오른손으로 한 장씩 넘겼다. 그런데 페이지를 넘길 때마다 뒷면에 여러 숫자가 적힌 표가 계속 나오는 게 아닌가. 귀퉁이엔 '이면지'라고 적힌 사각 도장이 찍혀 있었다. 서울 시내 경찰서별 순찰차의 테코미터(운행기록장치) 점검 결과를 정리한 서울경찰청의 보고서였다.

표에는 순찰 시간에 골목길에 차를 세워 놓고 잠을 자거나 쉬었다가 적발된 사례, 징계 내용, 경찰서별 적발 차량 대수, 규정 위반율 등이 일목요연하게 정리돼 있었다. 문서는 15쪽이나 됐다. 기사 욕심은 컸지만 취재수첩에 일일이 옮겨 적는 건 쉬운 일이 아니었다.

30분 가까이 정신없이 낑낑대자 파출소장은 "오늘 시간이 많이 걸리네요?"라며 의아해했다. 긴장한 탓일까. 옮겨 적는 손이 덜덜 떨렸다. "서울 시내 순찰차 근무 실태"는 다음날 1면 머리기사와 종합면에 실렸다. 파출소에 들러 전언통신문 철을 살펴봤다면 누구라도 '기사가 된다'고 판단했을 것이다.

그리고 2008년 외교부에 두 번째 출입할 때였다. 이명박 정부 출범 이후 처음이자 2005년 5월 이후 3년 만에 북한 경비정이 서해 북방한계선(NLL)을 침범한 사실(2008년 5월 22일 A1면), 북한이 서해상에서 미사일을 발사한 사실(2008년 5월 31일 A1면) 등 여러 건의 안보 관련 단독기사를 썼다. 내용이 자세해서였는지 국방부에서는 보도된 사항이 모두 사실이라고 인정했다.

이제는 말할 수 있다. 비결은 경찰의 전언통신문이었다. 북한의 도발이나 무력시위, 이에 따른 우리 군의 경계태세 등은 군과 경찰에 전파된다. 특종이나 단독기사는 하늘에서 갑자기 툭 떨어지는 것이 아니다.

잔인하게 살해된 장성택과 김정남 그리고 이한영

2013년 12월 8일, 김정은은 공개회의에서 고모부 장성택을 체포했다. 그리고 나흘 만에 처형했다. 김정일 사망(2011년 12월 17일) 2년 뒤였다. 북한이 공개한 군사재판 판결문에 따르면 장성택은 역성(易姓) 혁명을 꿈꾼 '쿠데타 수괴'였다.

2013년 12월 13일 자 〈로동신문〉에 실린 장성택의 마지막 모습.
〈로동신문〉은 장성택이 12일에 특별군사재판을 받은 뒤 형법 제60조에 따라
즉시 처형됐다고 밝혔다. (사진 = 로동신문)

"'현 정권이 아무런 대책도 세우지 못한다'는 불만을 (북한 주민들에게) 품게 하려고 했다. … 김정은 동지를 당 중앙군사위 부위원장으로 모신다는 결정이 선포돼 온 장내가 열광적인 환호로 끓어 번질 때 마지못해 자리에서 일어서서 건성건성 박수를 치면서 오만불손하게 행동했다."

내가 입수했던 미국 정보기관의 합동보고서는 김정일의 세 아들 중 한 명이 '차기'가 될 것으로 보지 않았다. "장남과 차남은 김정일의 신임을 받지 못하고 있다. 삼남은 북한 주민들에게 알려지지 않았다"는 게 이유였다. 김정은이 김정남을 참혹하게 죽일 것 역시 예측 못 했을 것이다.

2017년 2월 13일 오전 9시, 말레이시아의 쿠알라룸푸르 제2국제공항(KLIA2)은 저가항공편 운항이 많아 북적거렸다. 김정은의 이복형 김정남은 1시간 뒤 출발하는 마카오 행 비행기의 탑승 수속을 위해 줄을 서 있었다. 이때 뒤에서 두 명의 여성이 접근했고, 그중 한 여성이 김정남과 신체를 접촉했다.

순간, 김정남은 고통을 호소하며 공항 카운터에 도움을 요청했다. "누군가 뒤에서 잡아당긴 뒤 액체를 얼굴에 뿌렸다." 김정남은 공항 응급차에 실려 30여 분 거리에 있는 병원으로 후송되다 숨졌다. 김정은 집권 이후 암살 위협에 떨며 싱가포르와 마카오, 말레이시아를 전전했던 '비운의 황태자' 김정남의 비참한 최후였다.

김정남은 일본 언론 등과 인터뷰에서 "아버지(김정일)도 3대 세습에 반대했다", "북한은 선군(先軍) 정치가 아닌 개혁·개방에 관심을 가져야 할 때" 등 김정은을 비판하는 발언을 내놓은 터였다.

말레이시아 현지 언론
〈뉴스트레이츠타임스〉가
공개한 김정남의 피습 직후
사진. 윗옷 가슴 부분에
뭔가의 액체가 묻은 듯
얼룩이 보인다. 피살에
사용된 독극물일 수 있다는
관측이 나왔다.
(사진 = 뉴스트레이츠타임스)

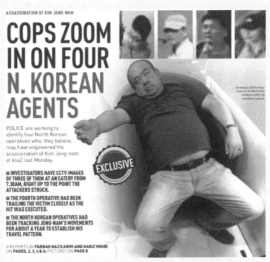

미국 정보기관의 분석 결과, 김정남 암살에 사용된 것은 맹독성 신경
작용제 'VX'. 피부로 흡수돼 수 분 만에 효과를 일으키는 치명적 독성 물
질이다.

김정남 암살 사건은 김정남의 이종사촌 이한영(본명 리일남) 피살 사건
(1997년 2월)을 재조명했다. 이한영은 당시 성남시 분당의 집 앞에서 총격
을 받고 열흘 만에 숨졌다. 현장에선 북한제 권총에서 사용되는 탄피가
발견됐다. 이한영이 의식을 잃기 전 "간첩"이라고 했다는 증언도 나왔다.

김정남의 생모는 성혜림이고, 이한영은 성혜림의 언니인 성혜랑의 아
들이다. 이한영은 1982년 모스크바대학에서 유학하던 중 스위스를 거쳐
한국으로 귀순했다. 신분을 밝히지 않는다는 조건이었다. 14년간 당국의
보호를 받았고 안기부의 권유로 성형수술을 받기도 했다. 그러나 1996년

《대동강 로열패밀리 서울 잠행 14년》이라는 책을 출간해 북한 최고 권력층의 실태를 폭로하면서 북한 정부의 표적이 됐다.

이한영 이야기는 배우 강동원, 송강호가 주연을 맡은 영화 〈의형제〉의 모티브가 됐다. 나는 이한영 피살 사건의 취재기자였다.

제 **2** 부

공익과 인간관계
사이에서

국회의원 성매매 의혹 단독보도
2011년 4월 4일

"A가 성매매 혐의로 경찰 조사 받았다는 얘기 들어 봤어?"

2011년 3월 말 감사원 앞. 점심을 함께하던 B가 물었다. 국회의원 A는 국회에 들어오기 전부터 가까운 사이였다.

"에이, 설마…."

"검사 출신인 A가 요즘 경찰 쪽에 서 있잖아. 그 이유가 있다는 거야. 경찰 쪽에서 들은 이야기야. 2년 전쯤인가, 강남경찰서에서 조사도 받았다는데?"

B는 감사원에 있었다. 허튼 소리와는 거리가 멀었다. '2년 전', '강남경찰서', '성매매 혐의' 등 내용도 구체적이었다. 그리고 A가 검찰 개혁안을 논의하는 국회 사법개혁특위에서 대검 중수부를 폐지하고 경찰에 수사개시권(開始權)을 주자는 논의를 주도하는 것도 사실이었다. 모두 검찰에서는 반대하는 사안들이었다.

현직 국회의원이 경찰 조사를 받았다면, 그것도 성매매 혐의라면 확인해 볼 필요가 있었다. 데스크에 보고했다. 강남경찰서를 담당하는 사회부 사건팀 R의 발을 빌려 취재해 보라는 지시가 내려왔다. 다음날 R은 양평경찰서까지 다녀왔다. 2년 전인 2009년에 강남경찰서 형사과장이었던 C가 양평경찰서에서 근무하고 있었기 때문이었다.

R의 취재 결과는 기대 이상이었다. 2009년 여름, 성매매 일제단속 중이던 강남경찰서에 신고전화가 걸려 왔고, C는 제보자가 지목한 호텔에 즉시 출동해 A와 맞닥뜨렸다는 것이다. 그러나 A는 함께 있던 여성이 친구라고 주장했다.

의아했다. 2년 전 사건을 어떻게 그토록 또렷이 기억할 수 있을까. 강남경찰서는 다루는 사건도 워낙 많았다. R도 그 점이 이상해서 물어봤다고 했다.

"A가 동남아시아 여행도 함께 다녀온 사이라며 항공권까지 제시했다는 겁니다. 그런 사건에서 항공권을 보여 준 사람은 처음이어서 똑똑히 기억하고 있다고 합니다."

해당 여성이 친구라는 것을 강조하기 위해 경찰에 항공권까지 증거로 제출했다는 얘기였다. 2년 전, A에 대하여 보도된 기사는 없었다. 가능성은 두 가지였다. 진짜 혐의가 없었든지, 아니면 국회의원으로서의 신분 등을 고려해 경찰에서 봐준 것인지.

하지만 경찰에 신고가 접수되면 '112전화 신고철'에 기록이 남는다. 어떤 경우에라도 이 기록은 삭제할 수 없다. "이런저런 이유로 입건하지 않았다"고 사유가 기록돼 있을 것이다. 지휘권을 갖는 검찰에도 처리 방향과 사유를 보고했을 것이다. R은 당시 강남경찰서 지휘부를, 나는 사건 당시 서울중앙지검의 담당자를 점검해 보기로 했다. 강남경찰서 사건을 지휘하는 곳이 서울중앙지검이다.

2009년 서울중앙지검 형사 1부장은 지금은 수원지검 차장이 된 S였다. 하지만 S는 전화를 받지 않았다. "확인할 게 있으니 전화 부탁한다"는 문자 메시지도 여러 번 보냈지만 연락이 되질 않았다.

한편 R은 당시 강남경찰서장을 수소문해 찾아갔지만 허탕을 쳤다. "민감한 사안이 될 수 있다"며 취재에 응할 수 없다고 딱 자르더라는 것이다. 민감한 사안이란 건 확인해 준 셈이었다. 이젠 A에게 직접 확인해 보는 수밖에 없었다. 데스크도 "A한테 직접 물어보라"고 지시했다.

만 4년간 사건기자로서 살인, 화재, 수해, 무장공비 침투, 조직폭력 등 온갖 사건을 다루며 산전수전공중전을 겪은 나다. 검찰 출입기자 때는 대선자금 수사 등 대형 수사를 취재하는 데에 파묻혀 살기도 했다. 그러나 오랜 지인에게, 입에 담기도 민망한 성매매에 연관되었는지 여부를 확인한다는 건 난감한 일이었다.

다음날 오후 6시. 기자실이 있는 국회 본관을 걸어 나와 국회의원회관으로 천천히 걸음을 옮겼다. 마음이 무거웠다. 자리가 다닥다닥 붙어 있는 기자실에서 민감한 사안을 전화로 물어볼 수도 없었다.

심호흡을 한 번 하고 휴대전화 통화 버튼을 눌렀다. 두어 번의 신호음. A의 밝고, 걸걸한 목소리가 들려왔다.

"오랜만이야! 정신없이 바빠서 좀처럼 연락도 못하고 있었다. 약주 한

잔 해야지.”

“저도 오랜만에 전화 드렸습니다. 외람된 질문을 하나 드려야겠습니다. 2년 전, 2009년에 강남경찰서에서 성매매 혐의로 조사 받은 사실이 있지요?”

기자란 직업은 때론 잔인하다. A는 아주 잠깐 머뭇거렸다.

“음…. 아, 그거… 그래, 있었다.”

아마도 내가 A보다 더 놀랐을지 모르겠다.

― 음… 여름이었습니까, 가을이었습니까.

“아마 여름이었지.”

― 현장에서 출동한 경찰과 맞닥뜨렸겠군요.

“술집과 객실이 붙어있는 구조였다. 그래서 오해가 있었던 것 같아.”

― 호텔이지요?

“그렇지.”

― (국회의원) 신분을 밝혔습니까?

“얼굴이 알려져 있으니까….”

― 조사는 한 번 받았습니까?”

“음…. 아니다. 두 번 받았다.”

― 경찰서에서 조사를 받진 않았겠군요(경찰서에서 조사를 받았다면 일반인이나 기자들에게 노출이 됐을 것이다).

“그렇지. 제 3의 장소에 가서…. 오해를 풀었다. ‘무혐의’로 끝난 사안이다.”

종합해 보면 2009년 여름, A는 성매매 신고를 받고 출동한 경찰과 호텔에서 맞닥뜨렸다. A가 국회의원임을 확인한 경찰은 제 3의 장소로 '모셔' 조사했다. A는 함께 있던 여성을 친구라고 진술했다. 이후, 마찬가지로 제 3의 장소에서 이뤄진 2차 조사에서도 A는 같은 진술을 했다. 당시 강남경찰서 형사과장의 말대로라면 이때 항공권도 제출했을 것이다.

경찰은 A를 불입건하고, "2번 조사했지만 혐의가 입증되지 않았다"고 검찰(서울중앙지검)에 보고했다. 단, A의 실명은 구두(口頭) 보고가 이뤄졌다. 유명인, 공인(公人)의 사건 종결은 이렇게 이뤄지는 경우가 있다.

이러한 전말을 듣고도 착잡했다. A는 가정이 있었다. 또, A의 주장이 사실인지 확신할 수도 없었다.

통화가 끝날 무렵 A는 물었다. "기사가 나가는가?"

나는 답을 줄 수 없었다. 내가 선택할 수 있는 문제가 아니었다. 다른 부서 기자 R의 조력을 받았고, 데스크의 지시도 있었다. 2011년 4월 4일자 신문에는 유쾌하지 못한 단독기사가 실렸다.

그러나 사건은 엉뚱하게 흘러갔다.

4월 5일 아침, 사법개혁특별위원회 소속 야당(당시 여당은 한나라당) 여성 의원 N이 전화를 걸어왔다. N은 A가 경찰 조사를 받게 된 사실을 알려준 취재원의 신원을 물었다. 20여 분간 알쏭달쏭한 질문을 던지더니 "검찰에서 흘려준 것을 받아쓴 게 아니냐?"고 했다. 기가 막혔다. 검찰과 관련이 없고, 사건기자가 보완 취재를 해 온 것이며, 궁금했던 사실관계를 확인해 준 사람은 당사자인 A였다고 반박했다. 그것이 사실이었으니까.

답답했다. N은 여성운동 경력으로 국회에 진출했다.

두어 시간 뒤에는 역시 야당의 여성 의원이자 사법개혁특별위원회에 소속된 P가 전화를 걸어왔다. P는 검찰 소관 상임위인 법제사법위원회 소속이기도 했다. P는 "검찰에 불리한 개혁안을 주도하는 A를 손보기 위해 검찰에서 악의적으로 정보를 흘렸다는 결론을 내렸다"고 했다. 어안이 벙벙했다.

국회의원이 성매매 의혹으로 두 번의 경찰 조사를 받았다는 본질은 온데간데없고, 검찰이 의도를 갖고 흘려준 정보에 놀아난 기자만 남은 꼴이었다. 법제사법위원회와 사법개혁특별위원회에선 야당 여성 의원들을 중심으로 검찰의 해명을 촉구하는 기자회견 등이 계속됐다.

급기야 법무부 국장(검사장 급) H도 전화를 해 왔다.

"검찰이 아주 곤혹스러운 상황이야. 대체 어떻게 된 거야?"

속이 부글부글 끓었다. 현직 국회의원이 성매매 의혹으로 경찰 조사를 받은 것, 그 자체를 국회의원들이 부끄러워해야 하는 것 아닌가. 동남아를 함께 여행했다는 여성은 뭐란 말인가. 취재 경위 및 A와 나눈 이야기를 있는 그대로 H에게 전해 줬다. 취재 단계에서 부족했던 정황은 A가 확인해 줬다고도 했다.

이듬해인 2012년 초, A는 총선 불출마를 선언하면서도 검찰을 비난했다. ① '무혐의'로 종결됐는데도 사안을 기자에게 흘렸고, ② 기사를 본 여성단체가 "엄벌해 달라"고 진정서를 제출하자 기다렸다는 듯 재조사에 착수했으며, ③ 출석 통보까지 해 왔다는 것. A는 "대검 중수부 폐지 등을 주장한 데 대한 명백한 보복 조치"라고도 말했다.

이틀 뒤 법제사법위원회 전체회의에서 의원들은 A에 대한 '보복 수사'를 중단하라고 검찰에 요구했다. 여성 의원 P는 "'검찰 개혁'을 부르짖는 의원에 대한 내사·소환은 총선 개입"이라고 주장했다.

2011년 11월 기사 확인을 위해 통화를 나눈 뒤 A는 한 번도 내게 직접 전화를 하거나, 항의한 적이 없다. 그러나 A가 이곳저곳에서 나를 원망하고 있다는 이야기가 들려왔다. 하지만 실체적 진실을 찾고, 잘못된 일에 비판을 가하는 것이 기자의 업(業)이다. 더구나 의혹의 대상이 국회의원이라면 눈을 감을 수도 없고, 감아서도 안 된다.

A보다 N, P가 더 원망스러웠다. 여성 국회의원들이 성매매 의혹이나 부인이 아닌 다른 여성과의 여행을 어떻게 감쌀 수 있단 말인가.

의혹이 제기되면 의혹을 제기하는 사람을 향해 돌을 던지는 사람들이 많다. "음모다!"라면서. 특히 힘이 있거나, 권력을 가진 이들이 '음모'라는 단어를 즐겨 쓴다. 이럴 때마다 유종필의 명언[1]을 들려주곤 한다.

"음모론적 시각에서 보면 해가 뜨는 것도 음모요, 지는 것도 음모. 세상만물이 모두 음모로 보인다."

---

1) 2002년 새천년민주당 대선후보 경선 당시 이인제 측의 음모론에 노무현 측 공보특보 유종필이 내놓은 논평이다. 유종필은 신문기자 출신 정치인이다. 1992년 대선 패배 이후 정계 은퇴를 선언하고 영국에 머무르던 김대중에게 《굿모닝 DJ》라는 자신의 유머집을 선물했다. K-TV 사장 등을 지냈다. 2010년 7월~2018년 6월, 서울 관악구청장을 역임했다.

그리운 명대변인

📷

대변인(代辯人). '정당의 입'인 대변인은 정치인이라면 누구나 한번쯤 거치고 싶어 하는 자리다. 전직 대통령 가운데 3명이 야당 시절 대변인을 지냈다는 것은 대변인의 위상을 단적으로 보여 준다. 김영삼 대통령 두 번(1963, 1965년), 김대중 대통령 세 번(1960, 1965, 1967년), 노무현 대통령은 한 번(1991년) 대변인으로 활동했다. 정동영(3번), 박지원[2](4번), 홍사덕[3](2번) 등도 대변인을 거쳐 '거물'로 성장했다.

1980~1990년대의 명(名)대변인은 단연 박희태[4]였다. 1988년 12월 민정당 대변인으로 발탁돼 4년 2개월 집권당의 대변인을 지냈다. '총체적

---

2) 김대중의 '영원한 비서실장'. 2000년 남북정상회담 성사의 주역. 30대 초반 미국으로 건너가 가발 사업으로 아메리카 드림을 일궜으며 뉴욕한인회와 미주지역한인회 총연합회 회장을 지냈다. 미국에서 망명 중이던 김대중을 만나 인생이 바뀌었다.
3) 신문기자(중앙일보) 출신. 상도동계로 정치를 시작했지만, 14대 대선을 앞두고는 김대중의 대변인을 지냈다.
4) 폭탄주의 원조(元祖). 1983년 춘천지검장 시절 기관장 술자리에서 군인들이 위스키를 맥주잔에 가득 따라 돌려 원성이 높았다. 이에 '위스키 반, 맥주 반'을 섞는 '해법'을 제시했다는 게 박희태의 설명이다.

멋진 맞수. 국회 정치특위 여야 간사 박상천(민주당, 왼쪽), 박희태(민자당)가 1994년 3월 4일 〈정치관계법〉 협상 타결 직후 악수를 하고 있다.
(사진 = 석동률 〈동아일보〉 기자)

난국', '정치 9단', '남이 하면 불륜, 내가 하면 로맨스'(내로남불), '정치인은 교도소 담장 위를 걷는 사람' 등이 그의 명대사이다.

야당이 보라매공원에서 정부 규탄대회를 열 때였다. 군중이 별로 모이지 않았다. 박희태가 내놓은 논평은 단 한 줄이었다. "보라매공원 집회는 보람이 없었다."

비슷한 시기의 야당 대변인 박상천[5]은 직선적이고 논리적인 논평으로

---

5) 하루 3, 4갑의 담배를 태운 애연가. 담배 때문에 총재실을 들락날락하자 김대중이 '면 전 흡연'을 허락했다. 김성순(16·17대 국회의원)은 시집에서 "담배를 사랑하며 연기로 산다. 한 번 뿜는 연기 속에 지혜가 솟고, 두 번 뿜는 연기 타고 논리가 흐른다"고 평했

유명했다. 두 사람은 신기할 정도로 닮은 점이 많았다. 1938년 동갑내기 였고, 서울대 법대와 고등고시 사법과(13회)를 거쳐 검사가 됐고, 정계에 입문한 시기(13대 총선)도 같았다. 1997년 첫 대선후보 TV토론을 성사시킨 것도 신한국당과 새정치국민회의 원내총무였던 박희태와 박상천이었다. 오래 뒤, 정계 은퇴 기자회견도 같은 날(2012년 2월 10일) 했다.

그러나 두 사람의 성격은 대조적이었다. 박희태는 좀처럼 화를 내지 않았다. 여유와 유머가 많았다. 반면 박상천은 성격이 불같고 호불호(好 不好)도 확실했지만 뒤끝이 없었다.

"영원한 맞수"(박희태), "경쟁적 맞수가 아닌 보완적 맞수"(박상천)라는 서로의 평가처럼 두 사람은 참으로 멋들어진 평생 맞수였다. 2015년 8월, 박상천이 혈액암으로 별세하자 박희태는 "나는 한 마리 짝 잃은 거위"라며 눈물을 흘렸다.

"참 오랫동안 티격태격 잘 지냈는데 섭섭하고 쓸쓸하다. 그 친구와는 참 인연이 지긋지긋할 정도로 많았는데…."

2000년대의 명대변인으로는 이낙연[6]과 유종필을 꼽을 수 있겠다. 기억에 남는 이낙연의 논평 몇 가지를 옮겨 본다.

다. 원내총무만 3번을 했다(새정치국민회의 2번, 새천년민주당 1번). 상대 당에 양보해 야 할 상황이면 총재인 김대중과 5, 6시간 토론을 벌여서라도 설득해 관철시켰다. 2015년 8월 별세했다.

6) 새천년민주당(2번), 대선 선대위, 대통령 당선자, 대통합민주신당 등 대변인을 다섯 번 이나 지냈다. 문재인 정부 초대 국무총리이기도 하다.

- 잘 했다, 행복했다, 고맙다. 이제 새로운 출발이다(2002년 6월 30일, 한일 월드 컵 폐막일에).
- 선생님께서 주시는 웃음이 있었기에 못남이 덜 못났고, 약함이 덜 했으며, 외로움이 덜 외로웠고, 아픔이 덜 아팠습니다(2002년 8월 27일, 이주일 씨 별세에 부쳐).
- 42.195킬로미터를 세계에서 가장 빨리 달린 사나이가 이제 저희에게 한 걸음도 오시지 못합니다(2002년 11월 15일, 손기정 옹 별세에 부쳐).
- 지름길을 모르거든 큰길로 가라. 큰길도 모르겠거든 직진하라. 그것도 어렵거든 멈춰 서서 생각해 보라(2002년 10월 24일, 날마다 탈당 의원이 나오자).

이낙연은 '대변인 론(論)'을 이렇게 기술한 바 있다.

"흔히 대변인을 '입'이라고 말한다. 그러나 대변인은 우편배달부가 아니다. 전달만으로 업무를 다하는 것이 아니다. 대변인은 흐름을 읽어야 하고, 상황을 정확히 파악해야 하며, 필요한 뉴스를 균형 있게 제공해야 한다. '입'뿐만 아니라 '눈'이 되고, '가슴'이 되고, '머리'가 돼야만 하는 것이다."

4년 10개월을 야당 대변인으로 활약한 유종필 역시 '대변인 철학'을 소개한 적이 있다.

"말은 짧고 재밌어야 한다. 그러면서도 동서고금의 사례 등 정보를 담아야 한다. 상대방을 헐뜯지 않고도 얼마든지 원하는 메시지를 전달할 수 있다."

다음은 유종필의 대표적인 논평이다.

- 흑색선전은 비아그라와 같다. 절망적 상황에서 한 번 일어서기 위해 시도하지만 자칫 스스로 죽는 수가 있다(1998년 고건 서울시장 후보 대변인으로서 상대의 네거티브에 대해. 비아그라 부작용으로 사망자가 발생한 시기이기도 했다).
- 파도가 몰아치면 입을 다물고 있어도 짠물이 들어간다. 입을 벌리고 있었으니 얼마나 들어갔겠나(2003년 초 최도술 게이트에 대해).
- 진돗개는 그냥 진돗개지 진도신개, 신(新)진돗개라 부르지 않는다(2007년 열린우리당이 당명을 '대통합민주신당'으로 개정한 것에 대해).

근래에 와서는 대변인 자리의 '값'이 떨어졌다. 시정(市井)이나 주고받을 법한 말들이 스스럼없이 오간다. 유머와 촌철살인(寸鐵殺人)은 사라졌다. 짤막한 논평 하나로 정국의 풍향을 알리고, 국민의 마음을 콕콕 찌른 명대변인들이 그립다.

청와대 홍보특보 로스쿨 선정 개입 의혹 단독보도

2008년 2월 5일

가난한 고학생이 골방에 틀어박혀 법전과 씨름한 끝에 법조인이 돼 사회 정의를 구현하는 이야기는 대한민국 고도성장기 '성공 신화'의 중요한 축을 담당했다. 오로지 시험 성적으로 당락이 결정되는 사법시험은 줄 없고, 빽(백그라운드) 없는 서민들에게 '희망 사다리'로 통했다. 그 대표적인 사례가 노무현 대통령(사시 17회)이다.

상고(부산상고) 출신으로 대학에 진학하지 못한 노무현은 독학으로 변호사가 됐다. 자전 에세이 《여보 나 좀 도와줘》(1994년 출간)와 수험 잡지인 〈고시계〉(1975년 7월호)에는 그의 사시 합격기가 실려 있다. 노무현은 "사법고시에 합격했던 그 순간만큼 행복했고 성취감을 느꼈던 적은 없었다"고 회고했다.

다음은 합격기 "과정도 하나의 직업이었다"의 일부이다.

흔히 독학도는 소위 공부 방법이나 수험 정보 등의 생소함을 걱정하게 되나 그런 점은 고시 잡지로 충분하다고 생각한다. 나는 수험 기간 중 많은 사람들과 많은 얘기들을 나누어 보았다. 그러나 수험 잡지의 합격기나 좌담회, 통계, 기타 안내편에 나오는 이상의 아무것도 얻을 수 없었다.

그러나 사시의 문제점도 숱하게, 꾸준히 지적되었다. 합격 인원이 제한돼 '장수(長修)생'이 늘어나고, 고시촌을 전전하며 청춘을 흘려보내는 '고시 낭인(浪人)'이 쏟아져 나온다는 비판 등이었다.

1995년 1월, 김영삼 정부는 범정부 조직 '세계화추진위원회'를 구성해 미국식 로스쿨(law school) 제도 도입을 논의했다. '양질(良質)의 값싼 법률 서비스'를 제공하자는 취지였다.

로스쿨 제도는 사회, 인문, 자연과학 등 다양한 전공을 가진 4년제 대학 졸업생을 대상으로 대학원에서 법학을 가르치는 법학전문대학원 제도이다. 1670년 하버드대학교에서 처음 시작됐다. 미국 대학엔 법학을 가르치는 학부가 없다. 법학은 실용적인 학문이므로 법률을 배우기 전에 다양한 학문을 접해 인격과 소양을 쌓도록 하는 것이 제대로 된 법률가 양성을 위해 효과적이라고 판단한 것이다. 로스쿨을 마친 학생 대부분은 변호사 시험에서 합격한다.

그러나 우리나라의 각 대학은 법학과를 두고 있었다. 대학은 물론 법조계에서도 반발하고 일어나자 김영삼 정부의 로스쿨 도입 논의는 결론 없이 끝이 났다.

다시 로스쿨 도입이 논의된 건 노무현 정부 출범 이후였다. 노무현 정부는 2005년 사법제도개혁추진위원회를 구성했다. 이어 ① 특정 대학, 특정 전공에 쏠린 획일주의 탈피, ② '고시 낭인' 부작용 완화, ③ 실무형 법조인 양성, ④ 변호사 증원을 통한 법률서비스 비용 절감 등을 목표로 로스쿨 도입을 밀어붙였다. 로스쿨의 개원 시기는 2009년 3월로 확정됐다. 사법시험은 2016년 1차, 2017년 2차 시험을 끝으로 폐지하기로 결정했다.

노무현 대통령의 임기 말, 각 대학은 로스쿨 인가에 사활을 걸었다. 법학과를 두고 있는 전국 98개 대학 중 47개(서울권역은 24개)가 인가를 신청했다. 예상 선정 대학 수는 25개. '권역별 배분' 방침이 확정되면서 서울권역에서는 경쟁률이 치솟았고, 지방에선 '지역 대표성'을 둘러싼 신경전이 고조됐다. 법학관 확대, 모의법정 마련, 전문 법조인력 교수 유치 등 로스쿨 준비에 대학들이 쏟아부은 돈만 해도 조선대 500억 원, 국민대 200억 원, 서남대 200억 원, 동국대 180억 원, 단국대 140억 원 등 엄청난 규모였다.

그런 만큼 선정 과정은 은밀하게 이뤄질 수밖에 없었다. 심사위원들은 2007년 12월 26~28일 합숙 작업을 벌였다. 2008년 1월 28일에는 교육부에 평가 결과를 보고하고, 선정 결과는 교육부가 1월 31일에 발표한다는 계획이었다.

하지만 1월 30일, 리스트가 보도됐다. 서울권역(강원도 포함)은 서울대, 고려대, 연세대, 성균관대, 한양대, 이화여대, 중앙대, 경희대, 서강대, 건국대, 한국외대, 서울시립대, 아주대, 인하대, 강원대 등 15개 대학이 선정되었다. 지방에선 부산대·동아대(부산), 경북대·영남대(대구), 전남대·전북대·원광대·제주대(호남, 제주), 충남대·충북대(대전, 충청) 등 10개 대학이 포함됐다.

막대한 자금을 들이고도 탈락한 대학들은 격렬하게 반발했다. 조선대 총동문회는 궐기대회를 열고 전면백지화를 요구했다. 단국대 등은 신문에 광고를 내고 소송을 불사하겠다며 별렀다. 동국대는 종교 편향 의혹을 제기했다.

지방 국립대 가운데 유일하게 탈락한 경상대(경남)를 놓고서는 청와대도 이의를 제기했다. 청와대 대변인 천호선은 경남을 콕 집어 추가 배정을 시사했다. "인구 306만 명의 경남이 빠지는 것은 검토해 볼 필요가 있다." 경남은 노무현 대통령의 고향(김해)이 있는 곳이었다.

그러자 이번엔 유치에 성공한 대학들이 들고 일어났다. 교육부는 공식 발표를 2월 4일로 급히 연기했다.

토요일이었던 2월 2일, 나는 친정이 있는 전북 전주에 있었다. 친정에 맡겨 놓은 아이를 신문이 나오지 않는 토요일에만 만나며 청와대 출입기자로 활동하던 시절이었다. 모처럼 고교 동창들과 모임을 가졌다. 일찍 결혼해 장성한 자녀를 둔 동창들에게 로스쿨은 중요한 관심사였다.

전북에선 전북대(전주)와 원광대(익산) 두 곳이 로스쿨 유치에 성공했는데, 전주와 익산은 거리가 가까워 하나의 생활권이었다. A가 주섬주섬 전단지와 우편봉투를 꺼냈다.

"원광대가 유치에 성공한 게 대통령특보 덕분이라며?"

홍보물은 윤승용[1] 대통령홍보특보가 만든 것이었다. 윤승용은 익산에서의 총선 출마를 위해 대통령홍보수석을 사임(2008년 1월 21일)했지만 대통령홍보특보 직책은 유지하고 있었다. 홍보물의 한쪽엔 "원광대에 로스쿨을 유치시킨 윤승용"이란 문구가, 다른 한쪽엔 익산 출신 언론계 인사를 심사위원에 포함시켜 원광대가 로스쿨을 유치할 수 있도록 했다는 내용이 담겨 있었다.

그런데, 봉투에는 "1월 31일"이란 빨간색 소인(消印)이 선명하게 찍혀 있었다. 1월 31일은 당초 로스쿨 인가 대학을 발표하기로 예정됐던 날. 소인만 놓고 보면 홍보물은 발표일 이전에 만들어진 것이었다.

집에 돌아와 A에게 건네받은 홍보물 맨 밑에 적힌 제작업체에 전화를 걸었다. "홍보물 문안은 1월 27일 확정됐다. 6천 부가 인쇄됐다. 1월 29일 지역 선관위에 등록을 마쳤다.…" 로스쿨 인가 대학이 발표되는 1월 31일보다 나흘이나 앞서 "원광대 로스쿨 유치"란 내용이 홍보물에 인쇄된 것이다.

더욱이, 익산 출신 언론계 인사를 심사위원으로 포함시켜 원광대의 로스쿨 유치를 도왔다는 윤승용의 주장대로라면, 그는 심사위원의 구성에도 관여했다.

데스크에 보고한 뒤 그에게 전화를 걸었다. 해명을 받기 위해서였다.

---

1) 〈한국일보〉 기자 출신. 박정희 유신(維新) 치하에서 학생운동을 하다 수배를 받아 도피 생활을 하던 중 10·26(박정희 서거)을 맞이한 일화는 유명하다.

윤승용이 총선 출마를 준비하며 익산 주민들에게 발송한 선거 홍보물과 홍보물 봉투.
"2008. 1. 31"이란 소인이 선명하다. 나는 직접 입수한 홍보물과 봉투를 회사 팩스로
발송하고 사안의 문제점을 보고했다.

— 로스쿨 선정에 영향력을 행사했다는 선거홍보물의 디자인 확정(1월 27일),

홍보물의 지역 선관위 신고(1월 29일)가 로스쿨 인가 대학 발표의 예정일(1월

31일)보다 먼저 이뤄졌다.

"여론이 형성되는 설 연휴(2월 6~8일) 이전에 배포해야 한다고 봤다. 설 연휴

에는 우편물 양이 크게 늘어나 배달에 시간이 더 걸린다는 점 등을 고려해 원

광대가 선정될 것을 전제로 디자인을 일찍 확정했다."

— 만약 원광대가 탈락했다면….

"홍보물을 새로 만들었을 것이다."

— 예비 유권자들에게 발송은 언제 했는지.

"1월 31일부터 했다. 당일 받아 본 유권자들이 있을 것이다."

— 선정 과정에 외압을 행사했다는 의혹이 불거질 수밖에 없는 내용인데.

"(총선이) 너무 다급해 부풀릴 수밖에 없었다. 선거 상황이 너무나 다급했다. 상대가 현역 국회의원이어서 오버했다. 실수였다."

— 심사위원에게 결과를 미리 들은 것 아닌가.

"아니다. 정말 몰랐다."

윤승용은 고향 선배였고, 같은 지역에서 고교를 나왔으며, 언론계(윤특보는 〈한국일보〉 기자 출신) 선배이기도 했다. 남북정상회담 등을 함께 거치면서 홍보수석으로서의 고민, 어려움도 어느 정도 이해하고 있었다. 그러나 고향이나 언론사 후배이기에 앞서, 나는 기자였다. 2008년 2월 4일 자 〈동아일보〉에는 커다란 단독기사가 실렸다.

공교롭게도 기사가 실린 날은 한 번 연기된 로스쿨 인가 대학의 발표일이었다. 야당(한나라당)은 '로스쿨 게이트'라고 규정하고 검찰 수사를 촉구했다. 오후 2시로 예정됐던 발표는 또 다시 저녁으로 연기됐지만 김신일 부총리 겸 교육부장관이 발표한 "로스쿨 인가 25개 대학"은 당초의 리스트 그대로였다.

말 많고, 탈 많았던 로스쿨 인가 대학 발표 과정. 김신일은 사의를 표명했다. 바로 다음날인 2월 5일, 노무현 대통령은 사표를 수리했다.

윤승용은 2004년 4월 총선에 출마하지 못했다. 내 기사나 검찰 수사 때문만은 아니었다. 그는 당내 경선에서 탈락했다. 그럼에도 마음 한구석이 아직도, 여전히 무겁다.

남을 비판하고 생채기를 내는 것이 기자다. 과정이야 어찌됐든 살아가
면서 두고두고 갚을 빚이 많다.

사법시험과 로스쿨

📷

1947년에 도입된 '조선변호사시험'이 사법시험의 시초였다. 1950년부터는 '고등고시 사법과'로 명칭을 바꿨다. 1963년부터는 사법시험(사시)이 됐다.

사시의 문은 좁았다. 1967년만 해도 합격자가 5명에 불과했다. 바늘구멍이라는 비판이 일자 1970년부터는 합격 정원제가 도입됐고, 매년 60~80명을 뽑았다.

12·12사태로 정권을 잡은 전두환은 합격자 수를 대폭 늘렸다. 사시 23회(1981년)부터 합격자 수가 300명이 됐다. 2001년 43회 시험부터는 합격자가 1천 명으로 더 늘어났다. 1947년부터 2017년까지 합격자 수는 모두 2만 765명.

사시 합격은 옛날로 치면 과거 급제와 같은 것이었다. 온 동네의 경사였다. 언론사는 불우한 환경을 딛고 인간 승리를 이뤄낸 화제의 합격자를 찾아다녔다. 사람들은 그런 스토리에서 희망을 읽었다.

서울대가 위치한 관악구 신림동에는 고시촌이 형성됐다. 지역도 성별도 학력도 보지 않고 오로지 성적으로 당락을 갈랐던 사시는 돈도 힘도 없는 이들을 고시촌으로 불러 모았다. 그러나 청춘을 시험에만 쏟아붓다 인생의 길을 잃는 사시 낭인도 쏟아져 나왔다. 노무현 정부가 사시 폐지와 로스쿨 도입을 밀어붙인 이유다.

전국 25개 로스쿨이 2009년에 문을 열었고, 사시 정원은 2010년부터 단계적으로 감원됐다. 로스쿨은 매년 1,500여 명의 변호사를 배출했다. 노무현 정부가 추진했던 사시 폐지가 문재인 대통령 취임 이후 완료된 것이다. 독학으로 사시에 합격해 인권 변호사가 됐고 대통령 자리에까지 오른 노무현이 사시를 폐지한 것도 역설적이다.

이제 로스쿨은 유일한 '법조인 등용문'이다. 하지만 다양한 경력을 가진 법률전문가를 양성한다는 애초 취지는 무색해졌다. '금수저 돈(錢) 스쿨'이라는 오명도 붙었다.

〈매일경제신문〉이 2018년 1월 보도한 로스쿨협회의 보고서 내용에 따르면 4년제 대학을 졸업하고 로스쿨에 진학해 변호사 자격증을 취득하는 데까지는 평균 9.6년이 소요된다. 이 기간에 소요되는 경제적 비용은 평균 2억 7,907만 원.

보고서는 ① 대학 학부(4년)에서 '기본 소양'을 갖추는 단계, ② 로스쿨 입학을 준비하는 '수험 준비' 단계, ③ 로스쿨에서 공부하는 '수학' 단계, ④ 변호사 시험을 준비하는 '수료' 단계 등 총 4단계를 거치는 데 필요한 시간과 등록금, 생활비, 기회비용 등을 추정해 이 비용을 산출했다고 밝혔다.

로스쿨의 1년 평균 등록금은 1,500만 원을 넘어섰다(2018년 5월). 학비는 계속 오르고 있지만, 각 대학의 장학금은 줄어드는 추세이다. 어렵게 변호사 시험에 합격해도 대형 로펌 등에서 일자리를 구하기는 하늘의 별 따기다. 좋은 직장에 취업하는 데 부모의 직업이나 경제력 등이 작용하면서 '신(新) 음서제',[2] '개천에서 용 못 난다' 같은 말들도 나온다.

우리보다 로스쿨 제도를 먼저 도입한 일본은 로스쿨 수료생이 아니어도 누구나 법조인 시험을 볼 수 있는 자격시험(예비시험) 제도를 운영하고 있다. 우리도 머지않아 로스쿨 제도를 보완하는 새로운 제도를 고심할 필요가 있을 것이다.

---

2) 음서제(蔭敍制)란 고려·조선 시대에 귀족이나 고위 관료 자제들에게 시험 없이 관직을 주던 제도이다. 지배 계층의 특권을 대물림하는 수단이었다.

김종필 총리실 서울대 총학 반성문 요구 단독보도

1999년 3월 10일

1999년 2월 초, 대학가에선 두 가지가 화제였다.

하나는 교육부장관 이해찬[1]의 편지. "99학번 신입생 여러분께"로 시작되는 6쪽 분량의 편지는 35만 명에게 발송됐다. 편지의 핵심은 좌경화와 폭력 시위에 관한 대목이었다. 이해찬은 편지에서 대법원이 한총련(한국대학생총연합회)을 '반(反)국가·이적단체'로 규정하였음을 강조하면서 불법 시위에 가담하지 말라고 하였다. 특히 이데올로기 문제에 대해선 "사회주의는 이미 종식됐다"고 전제하면서 "그런데도 아직도 일부 학생들이

---

1) 서울대 재학 시절인 1974년, 김근태와 함께 민청학련 사건(전국민주청년학생총연맹이 공산주의적 인민혁명을 시도한다며 학생과 사회 인사들을 처벌한 사건)으로 투옥돼 10년을 복역한 뒤 사면·복권(1987년)됐다. 1999년 교육부장관 시절 고교 야간자율학습, 월간 모의고사 등을 폐지했다. 당시 고등학교 1학년이던 1983, 1984년생들은 2002년도 수학능력시험에 적응하지 못했고, '이해찬 세대'라는 말이 회자됐다.

실패로 끝난 사회주의의 허구성을 깨닫지 못하고 있다"며 현혹되지 말도록 충고했다. 또 "대학에서 미래를 잘 준비한 사람은 사회에서 순조롭게 성공할 수 있지만, 그렇지 못한 사람은 40년의 인생을 헤매게 될 것"이라며 영어 공부 등을 당부했다.

면학에 힘써 달라는 방향엔 동의한다. 그러나 이런 편지를 장관이 꼭 써야 했을까. 더구나 이해찬은 원조 운동권 출신이다. 대학이 졸업 이후를 위한 준비기관일 뿐이라면 그가 했던 '운동'은 무엇이었나.

또 다른 화젯거리는 국무총리 김종필[2]의 서울대 졸업식 치사였다. 김종필이 서울대 졸업식에 정부 인사로서 치사를 낭독한다는 소식이 전해지자 서울대 총학생회는 "유신독재를 대표하는 인물이 캠퍼스 안에 들어오는 것을 막겠다"고 밝혔다. 물리적 충돌도 불사할 것임을 예고한 것. 그러나 김종필 측은 참석 의사를 굽히지 않았다.

2월 26일 서울대 졸업식. 총장 이기준의 졸업식사에 이어 김종필이 치사를 하려 하자 학사모를 쓴 졸업생 한 명이 일어나 고함을 치고는 나가버렸다.

"우리는 김종필 총리의 말을 들으려고 온 것이 아니다!"

졸업생 30여 명도 함께 자리를 떠났다. 이후 관용차를 타고 총리실로

---

2) 1947년 3월 서울대 사범대 교양학부에 입학했으며, 2년 수료 후 육사에 입학해 장교로 임관했다. 서울대 총동창회 고문을 지낸 것은 이런 이유다. 한국전쟁 때 중위로 참전해 압록강까지 진격했다. 1960년 4·19혁명 직후 정군(整軍)운동을 주도하다 구속돼 중령으로 강제 예편했다. 5·16군사정변을 일으켜 권력을 잡고 초대 중앙정보부장을 역임했다. 이후 2번의 국무총리, 9번의 국회의원(최다선 기록) 등을 지냈다. 2018년 6월 별세했다.

돌아가려는 김종필은 정문 앞에서 시위대 30여 명과 맞닥뜨려야 했다. "김종필 총리는 사과하라"는 피켓 시위는 1시간여 계속됐다. 김종필을 보호하려던 경찰은 시위대와 극심한 몸싸움을 벌였다.

서울대 졸업식 열흘 뒤쯤인 3월 9일. 시경 캡[3]에게 전화를 받았다. 김종필 측이 서울대 총학생회로부터 차량 수리비를 받아 냈다고 하는데 사실을 확인해 보라는 것. 나는 '관악 라인'을 담당하고 있었다. 관악 라인의 가장 중요한 출입처가 서울대였다.

관악경찰서 서장실로 향했다. 서장 K는 동향(同鄕)에 대학 선배였다. K에 따르면 졸업식 날 김종필 측과 총학생회의 몸싸움 중에 총리 관용차 유리창에 금이 갔다. 이튿날 총리비서실장 C는 이무영[4] 서울경찰청장에게 두 번이나 전화를 걸어서 반성문과 변상금 30만 원을 받아 내라고 요구했다. "학생들의 행위는 명백한 재물손괴"라는 주장이었다.

서울경찰청은 관악경찰서에 이러한 상황을 알리면서 조치하도록 지시했다. 관악경찰서에서 '학원'을 담당하던 정보과 형사들이 요구를 전달하자 서울대 총학생회는 코웃음을 쳤다. 그러나 총리실은 완강했다. "반드시 받아 내라"는 것이었다.

---

3) 시경 캡(captain)과 바이스 캡(vice-captain)은 각각 사회부 사건팀 팀장과 부팀장을 일컫는 용어이다. 캡은 서울경찰청(시경), 바이스 캡은 경찰청이나 중부경찰서에 상주한다. 경찰 조직상으로는 경찰청이 상급기관이지만, 언론사에 있어서 경찰청은 행정부처의 하나로 간주된다.

4) '수지 김 피살 사건'과 관련해 경찰 내사를 중단시킨 혐의로 2001년 구속됐지만 대법원에서 무죄가 확정되었다. 18대 국회의원을 지냈다.

K는 고생고생해서 받아 냈다는 반성문의 복사본을 보여 줬다. 총학생회 사무국장 남 모 씨가 썼다는 반성문은 A4용지 한 쪽 분량이었다.

총리가 우리 학교를 방문했을 때 일부 과격 학생들이 앞 유리창을 파손한 데 대해 진심으로 사과를 드립니다. 변상 책임을 지겠습니다.

서울대 총학생회 사무국장 남○○.

일련의 과정을 모두 확인해 주면서도 K는 내게 사정했다.

"기사는 안 썼으면 좋겠다. 기사가 나가면(게재되면) 또 시끄러워진다. 여권 실세인 총리 쪽 심기를 건드려서 좋을 게 없다. 경찰만 다칠 수 있다. 제발 부탁한다."

그러나 나는 기사를 쓰는 기자였다. 총리실의 처신이 못마땅했다. 기사로 총리실을 혼내 주고 싶은 의욕도 치솟았다. 취재한 내용은 〈국민일보〉 1999년 3월 10일 자에 단독기사로 실렸다.

서울대 총학생회는 공개적으로 오보(誤報)라며 반발했다. 반성문과 변상금을 김종필 측에 전달한 사실이 없다는 것이었다. 관악경찰서 역시 발칵 뒤집혔다. 관악경찰서가 자체 조사를 벌인 결과, 반성문은 정보과 학원담당반장(경사) L이 쓴 것으로 확인됐다. L은 기자실을 찾아와 눈물을 펑펑 쏟아 내면서 그간 있었던 일들을 털어놨다.

"2월 28일에 '김종필 반대 시위'를 기획한 남 씨를 만났다. 그는 '기물파손은 죄송하지만 반성문은 절대 못 쓴다'고 버텼다. 서울경찰청 등 '상부'

의 지시는 계속됐다. 아무리 설득해도 요지부동이었다. 고심하다 못해 반성문을 대신 쓰기로 했다. 날인(捺印)은 목도장을 하나 파서 찍었다. 변상금은 내 통장에서 뺐냈다. 위에서는 독촉하지, 학생들은 '죽어도 못 한다'고 버티지…. 뾰족한 방법이 없었다. 너무나 괴로웠다."

3월 13일, K는 직위해제 됐고 L은 징계에 회부됐다. '반성문 조작' 사건에 관리자인 서장이 책임을 져야 한다는 것. 총리실의 무리한 지시에서 비롯된 소동임에도 상대적으로 힘없는 서장이 직위해제를 당하는 것으로 사건이 귀결된 것이다.

서울대 학보인 〈대학신문〉은 3월 14일에 "조작극의 진짜 책임자는 누구"라는 제목의 기사에서 "경찰의 '반성문 조작'을 부른 것은 총리비서실"이라며 "책임을 느껴야 하는 건 총리비서실"이라고 비판했다. 같은 날 서울대 총학생회도 대자보를 통해 "서장 직위해제와 해당 경찰관 징계는 총리실의 비열한 권력행사"라고 비판했다. 서울대 총장과 보직교수들도 간담회를 열어 총리실의 대응이 지나쳤다는 데 의견을 모았다.

그러나 K의 직위해제 등 이미 내려진 조치는 바뀌지 않았다. 너무나 미안했다. 총리실의 행태를 비판하는 칼럼을 썼다. 어떻게든 K를 위로하고 싶었다.

총리비서실장 C가 회사로 전화를 걸어왔다.

"조수진 기자 맞습니까? 앞으로는 기사가 될 만한 것인지 잘 따져 보고 기사를 쓰세요. 기자 생활 똑바로 하라는 겁니다."

입사 4년 차, 혈기왕성하고 물불 가리지 않던 나도 소리를 꽥 질렀다.

"기자를 협박하는 겁니까? 어디서 그런 짓을? 비서 주제에 뭐 하자는 겁니까?"

C는 자신이 서울대 법대, 행정고시 출신이란 점 등 자기 경력을 자세히 열거했다. 기자들도 많이 알고 있다면서 기사 선정의 잣대까지 운운했다. 기죽을 나도 아니었다.

"JP(김종필)가 원하는 겁니까, 아니면 당신이 호가호위하는 겁니까?"

옆자리 정치부 선배들이 "총리비서실장은 차관급"이라고 말렸지만 그런 소리가 들릴 리 만무했다. 통화는 맞고함으로 끝났다.

그해 추석. 과일 한 상자를 사서 서울 송파구 문정동 K의 집을 찾아갔다. 신분을 밝히자 문을 열어 준 부인의 얼굴이 굳었다. 나는 어쩔 줄 몰랐다. 그러나 K는 "조 기자 잘못이 아니다"고 했다. "잊지 않고 찾아와 줘서 고맙다"고도 했다.

2000년 1월, K는 서울경찰청 방범지도과장으로 복직(復職)했다. 마음의 빚이 일부 씻겨 내려가는 기분이었다.

2000년 6월 초에 전화가 왔다. K였다. 호스트바(술시중을 드는 남자 종업원을 두고 영업하는 술집)에서 미성년자를 고용하거나, 무허가 건물에서 영업을 한다는 첩보가 있어 단속반을 띄우는데 같이 가 볼 의향이 있느냐는 것.

6월 7일 밤 10시에 출동한 서울경찰청 방범지도과의 특별기동단속반 '떼제베'(TGV)는 39명. 서울 반포의 한 건물 앞에서 몇 시간 잠복하다 급습한 시간은 6월 8일 새벽 2시 50분이었다.

두께가 5센티미터나 되는 강철문과 10여 분 씨름하다 '빠루'(크로우바,

빠루는 crowbar의 일본식 발음)로 겨우 문을 딸 수 있었다. 등 하나 걸려 있지 않은 지하 입구는 사람 하나 빠져나가기도 비좁았고, 경사가 급했다.

그러나 내부는 달랐다. 고급 카펫과 대형 스크린을 갖춘 널찍한 홀에는 20대 중반~30대 초반의 여성 손님 10여 명이 취한 채 건장한 남성 청년 10여 명과 뒤엉켜 있었다. 3~5평 규모의 밀실만 20개가 넘었다. 남자 접대부는 총 17명. 키 178센티미터 이상에 모델 뺨치는 외모를 갖춘 호스트 가운데는 명문사립대 3학년생과 구청 공익근무요원도 포함돼 있었다. 소방시설 하나 없는 무허가 건물에서 어떻게 버젓이 영업을 할 수 있는지 기가 막혔다.

K는 경무관[5]으로 승진하지 못하고 정년을 맞았다. 혹시 직위해제 됐던 일이 발목을 잡은 것은 아닐까. 나를 원망할 수 있었음에도 변함없이 대해 준 K. 그가 건강하게, 오래오래 행복했으면 좋겠다.

---

5) 경찰 계급 중 하나. 흔히 '경찰의 별'로 불린다. 치안총감-치안정감-치안감에 이어 높은 고위직이다. 총경(일선 경찰서장의 계급)의 위. 계급장도 별 모양(큰 무궁화 한 송이)이다.

뒷이야기
해외 출장 중 바르비종을 찾은 김종필

📷

파리에서 남동쪽으로 60킬로미터가량 떨어진 퐁텐블로(Fontainebleau) 궁전 주변 숲 어귀에 자리 잡은 작은 시골마을 바르비종(Barbizon). 1848 년, 밀레(Jean-François Millet)는 유럽을 휩쓸며 파리를 공포로 몰아넣은 콜레라를 피해 바르비종으로 왔다. 이곳은 이미 화가들로 북적였다. 이 화가들, 바르비종파는 직접 대자연 속으로 나가 풍경화를 그렸다.

파리 연수(2016년 8월~2017년 7월) 중 아들과 함께 가끔씩 화가들의 발자취가 남은 마을을 찾아가 보곤 했다. 바르비종도 그 장소들 중 하나였다. 2017년 봄 어느 주말, 왕과 귀족들의 사냥터였던 퐁텐블로 숲과 궁전을 둘러보고 바르비종에서 간단하게 점심을 먹은 뒤 밀레의 아틀리에(atelier)에 들렀다.

밀레의 작업실 등 3개의 방으로 이뤄진 아틀리에엔 밀레가 사용하던 팔레트, 밀레 가족의 사진 등이 전시돼 있었다. 국적을 묻기에 "한국인"이라고 했더니 안내를 맡은 나이 지긋한 남자는 나와 아들을 한쪽 벽으로 안내했다. 그곳에 김종필의 사진과 서명이 담긴 액자가 걸려 있는 것이 아닌가. 김종필의 외모나 수행원 등으로 미뤄 볼 때 첫 번째 국무총리 재임 시절(1971년 6월~1975년 12월)로 추정됐다. 김종필은 1973년 6월,

김종필은 어려운 고비가 있을 때마다 청구동 자택의 작업실에서 그림을 그렸다.
(사진 = 운정재단 홈페이지)

유럽 5개국을 순방하며 파리를 방문했었다. 빡빡한 해외 일정 중 반나절
을 비워 바르비종을 찾은 김종필. 밀레의 아틀리에에서 나는 새삼 김종
필의 풍류(風流)를 떠올렸다.

  그는 예술과 문학 등 다방면에 박학다식했다. 우리 정치사에서 절묘한
고사를 인용하는 데에도 김종필이 최고였다.
  박정희를 도와 5·16군사정변에 성공, 2인자가 된 그는 1963년 2월, 쿠
데타 주체세력들과의 갈등 때문에 외유(外遊)를 떠나야 했다. 이때 남긴
명언이 "자의반 타의반"(自意半 他意半). 여행이 어쩔 수 없는 선택이란
점을 우회적으로 드러내는 표현이었다.
  1980년 신군부가 등장했을 때에는 "춘래불사춘"(春來不似春, 봄은 봄이

되 봄 같지 않다)이라고 일갈했다.

1997년 대선을 앞두고 있던 1996년 12월에 김종필이 선택한 신년휘호는 '줄탁동기'(啐啄同機). 알 속의 병아리가 부리로 알 벽을 쪼는 줄(啐)과 어미닭이 그 소리를 듣고 껍질을 쪼아 주는 탁(啄)의 시기가 일치해야 병아리가 밖으로 나올 수 있다는 뜻이다. 김대중과의 연대(DJP 연합)를 포함해 모든 가능성을 열어 놓겠다는 의중을 담은 것이었다.

이렇듯 김종필은 예술과 문학 등 다방면에 박학다식하며 풍류(風流)를 아는 정치인이었다. 이런 정치인이 사라져 가는 것은 아쉬운 일이다.

헌법재판소 재판관 '검찰총장 검증 동의' 파문 단독보도

2013년 1월 28일, 2월 2일

헌법재판소는 1987년 개헌으로 탄생하였다. 탄핵심판, 정당해산심판, 헌법소원심판 등 오늘날의 역할과 위상을 갖게 된 것도 이때부터였다.

헌재가 국민들에게 강렬한 인상을 심어 준 것은 2004년 노무현 대통령 탄핵심판에서였다. 17대 총선을 앞둔 2004년 3월 3일, 노무현 대통령은 "국민이 압도적으로 열린우리당(여당)을 지지해 줄 것을 기대한다"고 발언했고, 선관위는 노 대통령의 발언이 '선거법 위반'에 해당한다고 판단했다. 이를 근거로 야당이었던 한나라당과 새천년민주당은 대통령 탄핵안을 주도했다. 2004년 3월 12일, 노무현 대통령에 대한 탄핵소추안이 가결되자 온몸으로 이를 저지했던 열린우리당 의원들은 대성통곡했다. 임종석은 울부짖었고, 격렬하게 저항하던 유시민은 구두 한 짝이 벗겨진 채 본회의장 밖으로 들려 나갔다.

그러나 헌재는 탄핵심판청구를 기각했다. '탄핵 역풍'이 거세게 몰아친

노무현 대통령과 권양숙 여사가 2004년 5월 14일 헌법재판소의 탄핵 기각 결정 직후 청와대 본관 집무실로 들어서고 있다. 63일 만의 업무 복귀였다. 노 대통령 부부는 헌재의 발표를 청와대 관저에서 TV로 시청했다. (사진 = 노무현재단 홈페이지)

가운데, 앞서 4월 15일에 실시된 17대 총선에서는 급조 정당인 열린우리 당이 '탄핵 풍'을 타고 152석을 얻었다. 그중에는 초선 의원도 108명이나 됐다. 탄핵 역풍에 힘입어 국회의원 배지를 단 이들은 스스로를 '탄돌이' 라 불렀다. 이 '탄돌이'라는 용어를 처음 보도한 게 나였다.

그 뒤 2004년 10월, 헌재는 노무현 대통령의 핵심 공약이던 〈신(新)행 정수도 건설을 위한 특별법〉이 위헌이라고 결정했다. 서울이 대한민국 의 수도라는 건 600년간 이어져 온 '관습헌법'의 성격을 갖는 만큼 성문헌 법 개정 절차를 거치지 않은 특별법은 헌법 제130조(개헌절차 명시)를 위 반한 것이라는 게 헌재의 논리였다.

이렇게 굵직굵직한 사건들이 줄을 이으면서 헌재의 위상은 짧은 시간 만에 한껏 높아졌다. 대통령과 대법원장, 국회(여당 추천, 야당 추천, 여야

합의 추천 각 1인)가 3명씩 뽑는 헌법재판소 재판관도 하마평 단계에서부터 언론의 스포트라이트를 받았다.

2012년 8월 29일, 새누리당(당시 여당)이 새 헌법재판소 재판관 후보에 안창호 서울고검장(사법시험 23회, 사법연수원 14기)[1]을 추천했다. 야당인 민주통합당이 야당 몫의 헌재 재판관 후보로 추천한 사람은 김이수 사법연수원장(사시 19회). 여·야당은 상대가 추천한 재판관을 부적격이라고 몰아세우면서 한동안 기 싸움을 벌였지만, 9월 19일 국회 본회의에서 두 재판관의 선출안을 나란히 통과시켰다.

안창호는 서울중앙지검 2차장(공안 담당) 등을 거친 대표적 공안(公安)통. 대검찰청 출입기자 시절, 안창호는 대검 공안부 기획관이었다. 그는 바쁜 일이 있을 때에도 면담을 거절하지 않았고, 어려운 법 논리를 쉽게 풀어 주곤 했다. 나는 그의 이름이 독립운동가 도산 안창호와 같은 점에 착안해 "도산 선생님"이라고 부르며 수시로 '봉숭아 학당'[2]을 요청하곤 했다.

2013년 1월 24일 지인들과의 저녁 모임 때였다.

"안창호 전 고검장이 검찰총장 후보자로 인사 검증을 받겠다는 동의서

---

1) 사법시험 합격자는 사법연수원에 들어가 2년간 실무교육을 받는다. 사법시험 23회 합격자는 대부분 연수원 13기에 해당된다. 대학원 재학 중 사시에 합격한 안창호는 대학원을 마치고 연수원에 들어갔기 때문에 연수원 14기가 됐다.
2) 1990년대 코미디 프로그램의 코너 이름. 기자 세계에서는 현안과 관련해 취재원과 벌이는 격의 없는 토론의 장을 흔히 '봉숭아 학당'이라 부른다.

에 사인(서명)을 했다는 얘기가 있어. 들어 봤어?"

국회의원 보좌관을 거쳐 청와대 행정관으로 있던 Q의 말이었다. 2012년 11월, 대검 중수부 폐지 등의 문제로 후배 검사들에게 용퇴 압력을 받은 한상대 검찰총장이 사퇴하면서 검찰총장 자리는 공석이었다. 반사적으로 되물었다.

"뭐라고? 헌재 재판관으로 간 지 겨우 넉 달밖에 안 됐는데?"

2012년 12월 대통령 선거에선 새누리당 박근혜 후보가 당선됐다. 헌재 소장 등을 지낸 김용준 대통령직인수위원장은 새 정부와 함께할 인물들을 찾고 있었다. Q의 전언이 곧이들리지는 않았지만, 안창호와 김용준의 각별한 인연을 나는 잘 알고 있었다. 김용준이 헌재 소장(1994년 9월~2000년 9월)으로 있던 당시 안창호는 헌재 파견 검사(1997년 8월~1999년 6월)였다. 안창호가 대검 공안기획관이었을 때 대검 공안자문위원장으로 위촉된 사람도 김용준이었다. 모두 대검 출입기자 시절 안창호로부터 들은 얘기들이었다.

그러나 임기 중인 헌재 재판관이 다른 공직으로 옮기기 위해 인사 검증 절차에 동의하는 것은 전례가 없는 일이었다. 더욱이 헌재는 헌법기관이고, 검찰은 행정기관이다. 최고 헌법 해석기관의 재판관을 행정기관의 장으로 임명한다는 것은 3권 분립을 규정한 헌법의 취지에 배치되는 것이었다.

다음날 안창호에게 전화를 걸었다. 직접 확인해 보는 것이 가장 빠르고 확실한 방법이었다. 마침 안창호와는 1월 28일 신년 점심을 약속해 놓은 터였다.

— 검찰총장 후보자 인사 검증 동의서에 서명했다는 이야기를 들었습니다.

"사정이 그렇게 됐습니다."

— 헌재 재판관으로 간 지 넉 달밖에 안 되셨지 않습니까.

"그래서 저도 제안이 오자마자 곧바로 고사를 했습니다."

— 그런데요?

"계속해서 동의서를 내 달라는 요청이 와서… 도저히 어쩔 수가 없었습니다."

박근혜 당선자 측의 간곡한 요청이 계속되면서 뿌리칠 수 없는 상황이 됐다는 얘기였다. 그는 자리를 욕심내거나 어떤 자리에 가기 위해 '인사운동'을 할 사람이 아니었다. 그러나 이유가 어찌 됐든 헌재 재판관이 검찰총장 후보가 된 것은 비판을 벗어날 수 없는 일이었다.

더구나 2월 첫째 주엔 검찰 역사상 처음으로 시행되는 검찰총장후보추천위원회가 예정돼 있었다. 9명의 추천위원단으로 하여금 법무부가 제시한 후보 중 3명을 추려 내게 하여 검찰총장 인선에 공정성, 객관성을 강화해 보자는 취지로 고안된 것이었다. 하지만 대통령 당선자 측이 점 찍은 후보자가 있다면? 검찰총장추천위는 시작과 동시에 무용지물로 전락할 수 있었다.

2006년 1월에 정치부로 돌아온 뒤에도 나는 안창호와 좋은 인연을 이어 오고 있었다. 출입처는 계속 바뀌었지만, 공안과 관련해 궁금한 내용은 언제든 그에게 전화를 걸어 답을 구해 온 터였다.

그러나 안창호 관련 사안을 데스크에 보고하지 않을 수 없었다. 기자로서의 의무였기 때문이다. 길지 않은 기사였지만 작성하는 데엔 많은 시간이 필요했다. 안창호와의 인간적 관계가 자구 하나하나를 몇 번씩 들여다보게 했다.

2013년 1월 28일 자 〈동아일보〉 1면과 종합면엔 "취임 4개월 된 헌재 재판관을 검찰총장에?"라는 제목으로 두 꼭지의 단독기사가 실렸다. 기사가 게재된 날은 하필 안창호와의 점심이 예정됐던 날이었다. 점심시간 직전까지 안창호도, 나도 서로 연락을 하지 않았다. 점심은 취소됐다.

마음이 편치 않았다. 안창호와 가까운 전직 검찰 간부 R에게 전화를 걸었다. 대체 무엇이 안창호로 하여금 서명할 수밖에 없도록 했는지 궁금했다. R은 한숨을 푹 쉬더니 이유를 들려줬다.

"대통령 당선자뿐만 아니라 지금의 청와대까지도 설득, 또 설득을 하니 버텨 낼 재간이 없었다."

안창호가 현직 헌재 재판관이라는 이유로 검증 동의를 거부하자 이명박 청와대까지 설득에 나섰다는 얘기였다. 누가 직접 나섰느냐고 추궁하자 R은 "민정수석"이라고 했다. 정진영 민정수석은 검사 출신이자 안창호의 사법시험 동기이기도 했다.

20여 일 뒤면 물러나는 대통령 측이 새 정부의 첫 검찰총장 인선에 왜 나섰다는 말인가. 대통령 퇴임 이후를 염두에 둔 것일까. '안창호 미스터리'였다. 이 내용은 역시 단독으로 〈동아일보〉 2013년 2월 2일 자 1면에 보도됐다.

며칠 뒤인 2월 7일, 검찰총장후보추천위는 차기 검찰총장 후보를 김진

태 대검 차장(사시 24회)과 채동욱 서울고검장(사시 24회), 소병철 대구고 검장(사시 25회) 등 3명으로 압축했다. 안창호는 탈락했다. 법조계에서는 검찰총장후보추천위가 반란을 일으켰다는 평가도 나왔다.

나는 얼마간의 시간이 흘러서야 안창호와 마주 앉을 수 있었다.

"우리 집사람이 조 박사님(그는 기자들을 '박사님'이란 호칭으로 예우한다)이 쓴 기사를 보면서 나를 많이 위로합디다. 단어 하나, 문장 하나에 나를 진심으로 걱정하고 생각하는 마음이 담겨 있는 게 느껴진다고요. 고맙습니다. 앞으로도 좋은 기사 오랫동안 많이 썼으면 좋겠습니다."

2016년 8월, 파리로 연수를 떠나기 전에 나는 안창호에게 인사를 하러 갔다. 대부분의 지인에게는 연수 소식을 알리지 않았다. 안창호는 나의 늦깎이 공부를 진심으로 축하하고 격려해 줬다.

안창호는 헌재 재판관 퇴임(2018년 9월 19일)을 앞두고 여러 현안에 대한 법률적 검토를 하고 있다고 한다. 여러 가지 봉사활동에도 관심이 많다. 언젠가 훈훈한 기사, 미담으로 그를 소개할 수 있으면 좋겠다. 마음의 빚을 갚기 위해서라도.

뒷이야기
"승진? 다음 정권에서나 알아보라"

📷

공안과 특수(특별수사)는 검찰의 '양대 산맥'으로 인식돼 왔다. 이들에게 는 '공공의 안녕과 질서를 책임지는 체제의 수호자'(공안)와 '거악(巨惡)을 척결하는 정의의 수호자'(특수)라는 긍지와 자부심이 있었다.

김대중 정부는 공안에 새로운 인물을 대거 투입했다. '신(新)공안 시대' 가 열렸지만 공안 기능 자체를 부정한 것은 아니었다. 그러나 노무현 정 부 출범 이후 일어난 공안의 위기는 근본적인 것이었다. 무엇보다 노무 현 대통령의 대선 공약 중 하나가 검찰 공안부 폐지였다. 공안 수사를 둘 러싼 정권과 검찰의 갈등은 송두율을 통해 수면 위로 드러났다.

재독(在獨) 사회학자, 뮌스터대 교수 송두율은 2003년 9월 22일에 공식 적으로 귀국 의사를 밝혔다. 그는 김일성 영결식(1994년)에 초대받아 방 북하는 등 여러 차례 북한을 다녀왔다. 망명한 황장엽 전 노동당 비서는 북한 노동당 서열 23위의 김철수 노동당 정치국 후보위원이 송두율과 동 일인물이라는 주장을 펴기도 했다.

노무현 대통령은 10월 13일 국회 시정연설에서 "이제는 민족간 화합과 포용을 말하는 시대가 됐다"며 송두율 구속을 사실상 반대했다. 그러나 10월 23일, 서울중앙지검 공안 1부는 송두율의 구속 수사를 강행했다. 검찰은 징역 15년을 구형했다.

검찰 정기 인사를 앞둔 2004년 6월, 오세헌 서울중앙지검 공안 1부장이 사표를 냈다. 서울중앙지검 공안 책임자인 박만 1차장은 검사장 승진에서 탈락하고 성남지청장으로 전보됐다. 공안(公安) 출신은 '공한'(公寒)이라고 불릴 만큼 한직으로 보내졌다. 이듬해 봄, 검찰 인사를 앞두고 검찰과 법무부 핵심 인사들은 문재인 민정수석에게 면담을 요청했다고 한다. 박만의 검사장 승진 문제를 타진하기 위해서였다. 검찰 수뇌부가 민정수석에게 만남을 요청하는 것은 매우 이례적인 것이다. 그러나 문재인은 단호했다.

"승진요? 다음 정권에서 알아봐야 할 것 같습니다."

2005년 4월, 두 번째 검사장 승진에서도 탈락하자 박만은 사표를 제출했다.

이후 문재인은 송두율 사건을 두고 "국제적으로도 아주 망신스러운 일이 됐다"고 언급했다. 한편 송두율은 1심(2004년 3월)에서 징역 7년을 선고받았다. 재판부는 송두율이 북한 노동당 정치국 후보위원으로 활동한 사실이 인정되고 김일성 부자(父子)의 사상을 남한에 전파해 평화통일에 악영향을 끼쳤다고 밝혔다. 그러나 2심(2004년 7월)은 집행유예를 선고했다. 쟁점인 노동당 정치국 후보위원 혐의 등을 인정하지 않은 결과였다. 송두율은 독일로 돌아갔다.

송두율은 첫 공판에서부터 자신이 "경계인"으로서 남과 북, 어떤 곳에도 속하지 않는다고 주장했다. 그가 진심으로 대한민국 정착을 원했다면 정체성을 분명히 해야 하지 않았을까.

제 3 부

성실함으로
승부하다

동교동계 "새정치연합 후보 지원 안 해" 특종보도

2015년 3월 31일

'동교동계[1]'란 김대중 전 대통령의 야당 시절부터 그의 곁을 지킨 가신(家臣) 그룹을 뜻한다. 1972년 10월 박정희 대통령의 유신 선포 이후 김대중은 납치돼 죽음의 고비를 넘겼고(도쿄 피랍 사건, 1973년 8월) 이후에도 가택 연금을 당하는 등 숱한 고초를 겪었다.

박정희 정권은 '김대중'이란 이름 석 자를 언론이 직접 쓰지 못하게 했다. 이에 누군가 김대중을 그가 살던 곳으로 지칭하여 '동교동에 사는 재

---

1) 김대중은 5·16군사정변이 일어난 1961년, 동교동의 사저에 입주했다. 강원도 인제 보궐선거에서 처음 국회의원으로 당선된 뒤였다. 미국 망명 기간을 빼고 1995년까지 35년 동안 이 집에 내리 살면서 1971년과 1987년, 1992년 세 차례 대통령 선거를 치렀고 평민당과 새정치국민회의 등 제1야당을 탄생시켰다. 김대중의 정치 인생에 굴곡이 많았던 만큼 동교동 집 역시 1971년 폭탄 테러, 1972년과 1982년 망명, 55차례의 연금 등을 겪어야 했다. 경기도 일산으로 집을 옮긴 후 1997년 대선에서 당선됐으나, 2003년 2월 퇴임한 김대중은 동교동으로 돌아와 2009년 8월 서거 때까지 머물렀다.

야 모 인사'로 표현했다. 이를 계기로 김대중을 따르는 사람들도 '동교동계'라 불리기 시작했다. 동교동계는 김영삼 전 대통령의 '상도동계'와 함께 군사독재 시절 민주화 세력의 양대 산맥이었다.

권노갑·한화갑·이용희·김옥두·남궁진·이윤수 등 1960년대부터 김대중과 함께 해 온 인사들이 동교동계 1세대, 최재승·윤철상·설훈·배기선·정동채 등 1980년대 초반 합류한 이들이 2세대다. 1987년 민주화 항쟁 이후 합류한 전갑길·배기운·이협 등은 3세대로 분류된다.

김대중이 서거한 2009년 8월 18일 이후 동교동계는 매주 화요일 오전 11시 30분 국립서울현충원의 김대중 묘역에서 추모 회동을 가진다. 이른바 '화요 참배모임'이다. 이희호 여사와 무채색 계열의 양복, 넥타이 차림

2009년 8월 김대중 서거 이후, 동교동계는 국립서울현충원에서 매주 화요일 오전 11시 30분에 추모 모임을 갖고 있다. (사진 제공 = 권노갑 전 의원)

의 권노갑이 한가운데 자리를 잡고, 이훈평·박양수·김옥두·김방림 등은 호위무사처럼 두 사람을 에워싼다. 양복 차림의 50여 명이 맨 바깥쪽 원을 그린다.

이름 대신 오가는 호칭은 "형님", "아우님"이다. 민주화를 위해 목숨을 걸고 독재와 맞섰던 '동지'들의 만남은 정이 넘친다. 가령 권노갑보다 열네 살 적은 남궁진(전 문화관광부 장관)이 도착하자 누군가의 인사말에 웃음꽃이 핀다.

"허허, 공산명월(空山明月)이 서산낙일(西山洛日)로 떨어져 가네."

남궁진의 탈모 부위가 넓어져 가는 것을 빗댄 유머다.

화요 참배는 이희호가 시작했다. 이 소식을 접한 전직 의원들, 전직 당직자들이 모여 들었다. 서울과 경기도는 물론 전국에 흩어져 있는 인사들까지 상경한다. 보통 50~60여 명이 참석한다. 대부분이 80대다.

추모 행사를 마친 뒤엔 비빔밥, 설렁탕 같은 간단한 점심을 먹고 헤어진다. 비가 오든, 눈이 오든, 바람이 불든 화요 참배는 생략한 일이 없다. 친부모에게라도 이런 정성을 기울이기는 쉽지 않을 것이다.

화요일이던 2015년 3월 31일 낮. 동교동계 인사들에게 전화를 걸어 보기로 했다. 언젠가부터 거른 적 없는 화요일마다의 일과였다. 한 달 앞으로 다가온 4·29 국회의원 재·보궐선거에 대한 입장이 정리됐는지 궁금했다.

새정치민주연합 대표 문재인이 권노갑에게 4·29 재·보선 지역 중 광주시 서구 을 선거구를 맡아 달라고 요청했다는 걸 나는 바로 일주일 전화요 참배 때 들어서 알고 있었다. 권노갑은 동교동계의 '좌장'. 동교동계가 한자리에 모이는 화요 참배에서 의견을 물었을 것이다.

4·29 재·보선이 치러지는 곳은 서울 관악구 을, 경기 성남 중원구, 인천 서구-강화군 을, 광주 서구 을 등 4곳이었다. 그중 초반부터 '핫 플레이스'로 떠오른 곳은 광주 서구 을이었다. 각종 여론조사에선 무소속 천정배가 선두를 달리고 있었다. 그런데 천정배는 광주와 이렇다 할 인연이 없었다. 태어난 곳은 신안, 자란 곳은 목포, 정치적으로 성장한 곳은 경기 안산이었던 것이다. 이상한 흐름이었다.

새정치연합 대표 문재인은 3월 22일부터 열흘 사이 광주를 세 번이나 찾았다. 수도권 선거구가 3곳이나 있는데도 광주에 집중했다. 상황이 좋지 않다는 증좌였다. 민주당 계열 정당으로선 안방인 광주를 사수하지 못한다면 수도권 3곳에서 이긴다 해도 승리라고 평가받기 어려웠다.

정치권에서는 새정치연합을 향한 호남 민심이 요동치고 있다는 얘기가 많았다. 광주 서구 을의 선거 결과에 따라 '호남 신당'이 나올 수 있다는 얘기도 공공연히 돌고 있었다.

가장 먼저 '동교동 특무상사' 이훈평[2]에게 전화를 걸어 봤다. 그는 '동교동계 대변인'이자 '권노갑 대변인'이었다. 이훈평은 "사건이 있었다"며 상황을 전해 줬다.

---

2) 민주당 계열 정당에서는 "이훈평을 모르면 간첩"이란 말이 있을 정도로 마당발. 1963년 7대 총선 때 고교 선배인 김대중을 돕기 위해 역시 고교 선배인 권노갑과 선거운동을 함께한 것이 정치를 시작하는 계기가 됐다.

176

김대중 묘소 앞 추모식이 끝나 가던 오전 11시 40분. 이훈평이 급히 앞으로 뛰어나갔다.

"형님(권노갑)이 광주서 새정치연합 지원유세를 안 해야 한다고 생각하는 사람 손 좀 들어 보시오!"

권노갑을 제외한 참석자 전원이 오른쪽 손을 번쩍 들어올렸다. 권노갑을 빼면 만장일치였다. 권노갑의 낯빛이 변했다. 새정치연합 대표이자 유력 대권주자인 문재인이 직접 해 온 요청을 거부한다는 건 권노갑으로서는 난감한 일이었다.

권노갑이 머뭇거리자 김옥두[3]가 나섰다.

"형님, 만장일치요, 만장일치. 모두 반대하는데도 강행한다면 동교동계에 좌장은 없게 되는 것이오. 가려거든 권노갑 개인으로 가는 거요."

50년 가까이 맏형의 뜻에 묵묵히 따라온 김옥두가 반기를 든 것은 처음이었다. 이훈평의 목소리도 커졌다.

"우리는 이미 은퇴한 사람들 아니오? 우리가 선거에 나선다고 분위기가 바뀌겠소? 나서서 도와줄 형편이 아니란 겁니다. 개인적으로도 반댑니다. 형님이 광주에 내려가는 순간, 우리 둘 인연도 그걸로 끝이오."

동교동계는 민주당 계열 정당의 뿌리 격으로 평가받았다. 그런 동교동

---

3) 1965년부터 33년간 김대중을 수행한 '동교동 내금위장'. 김대중을 따라 두 차례 구속됐고, 8차례 연행됐다. 고문 후유증으로 한쪽 다리를 잘 쓰지 못한다. 족저근막염(발바닥 고문 후유증)도 심하다. 2017년엔 폐 일부를 절제하는 수술을 받았다. 김대중에 대한 충성심이 신앙에 가깝다.

2015년 3월 31일 채널A 메인뉴스. "동교동계, 4·29 재·보선 새정치연합 지원 안 한다"
리포트에 물린 삽화. 방송에서 가장 중요한 것은 영상이다. 영상이 없을 경우 영상을
대체할 만한 '장치'를 고민해야 한다. (사진 = 채널A 방송 이미지)

계가 광주에서 새정치연합 후보를 지원하지 않는다…. 당시 나는 채널A
에서 파견 근무를 하고 있었다. 메인뉴스에 내보낼 단독보도를 준비하기
시작했다.

　문제는 영상이었다. 방송은 '그림'이라 불리는 영상이 생명이다. 고심
끝에 화요 참배에서 벌어진 일은 삽화로 재구성해 보여 주기로 했다. 보
도 제목은 "동교동계, 4·29 재·보선서 새정치연합 지원 안 한다". '단독'
이란 자막도 눈에 확 띄는 빨간색으로 달아 넣었다.

　다른 종편, 지상파 방송, 신문 할 것 없이 사안을 따라왔다. 메인뉴스
이후 채널A에서는 '단독' 대신 '특종'으로 문패를 바꿔 달아 자막을 내보
냈다.

　4·29 국회의원 재·보선 결과는 4 대 0, 새정치연합의 완패였다. 수도
권 세 곳은 여당인 새누리당이 싹쓸이했다. 광주 서구 을에선 '새정치연

합 심판'을 내세운 무소속 천정배가 큰 표 차로 당선됐다.

2016년 1월 12일 오전 10시. 권노갑은 새정치연합을 탈당했다. 권노갑이 민주당 계열 정당을 탈당한 것은 처음이었다. "평생을 김대중 대통령과 함께하며 우리나라의 민주화를 이끌어 왔지만 정작 우리 당의 민주화는 이루지 못했다"는 권노갑의 탈당 기자회견 사흘 뒤인 1월 15일, 정대철[4]이 비동교동계 김대중계와 함께 탈당했다. 1월 26일엔 새정치연합 문재인 대표가 총선 사령탑으로 내세운 김종인 선거대책위원장이 정대철의 아들 정호준에게 비서실장 자리를 제안했다가 거절당했다. 아버지와 아들을 떼어 놓으려 했던 김종인의 시도는 실패로 돌아갔다.

나는 이 3건 모두 타사보다 먼저 보도했다. 권노갑과 정대철의 행보를 매일 점검한 것이 비결이었다.

부서와 출입처가 바뀌어도 취재원은 그 자리에 있다. 나는 인연을 맺은 취재원들에게는 틈틈이 전화를 걸고 안부를 묻는다. 경찰, 검찰, 정당, 외교부 등 출입처가 바뀌어도 변함없이 해 온 일이다. 힘들이지 않고 인연을 이어가는 방법이다. 좋은 기사는 우연히, 그러나 진득하고 변함없는 정성을 들였을 때 나온다.

---

4) 외무부장관과 8선 국회의원을 지낸 정일형과 첫 여성 변호사 이태영의 장남. 정일형·이태영은 김대중의 오랜 정치 동지이자 멘토이기도 했다. 큰 아들은 19대 국회의원을 지낸 정호준. 13·14·15대 국회의원을 지낸 조순승이 동서이다.

권노갑의 순명(順命)

김영삼·김대중·김종필의 '3김(金) 시대' 이후 대한민국 정치사에서 권노갑만큼 특이한 위치를 차지하는 인물은 드물다.

김대중 없는 권노갑이 있을 수 없지만, 권노갑 없는 김대중도 상상할 수 없다. 김대중을 50년간 보좌했고, 2009년 8월 김대중 서거 이후부턴 '동지'들과 함께 김대중 묘소를 찾는다. 김대중 생전에도 사후에도 김대중의 곁을 지키는 것, 권노갑은 그것을 자신의 '순명'(順命)이라 했다.

〈동아일보〉는 2014년 1월~7월 권노갑 회고록 《순명》을 매주 토요일 자에 연재했다. 권노갑의 원고를 토대로 회고록 속의 주요 사건을 재구성하는 방식이었다. 집필은 김창혁 정치전문기자가 맡았다. 정치부 차장이었던 나는 조수로 작업에 참여했다.

이 기간 동안 나는 월요일이면 오전 9시 서울 용산구 권노갑의 집을 찾아갔다. 거실의 큰 좌상에는 6종의 조간신문, 〈뉴욕타임스〉, 두툼한 영한사전, 돋보기와 커피 잔이 놓여 있었다. 그가 외출 채비를 끝내면 승용차에 함께 올라 작업 장소였던 하얏트호텔 1층 커피숍으로 이동했다. '월요회동'은 대개 오후 1시까지 이어졌다. 구술(口述) 자리를 찾아오는 옛 정치인도 많았다.

가급적 권노갑의 어투 그대로를 살려 취재수첩에 기록했다. 2014년 4월 14일 자 취재수첩 내용을 그대로 옮겨 본다.

박정희 대통령의 3선 개헌을 반대하는 연설(1969년 효창구장 연설) 때였습니다. 김대중 의원에게 주어진 연설 시간이 딱 15분이었어요. 유진오 총재, 유진산, 이철승,[5] 김영삼, 김재광 등 민주당에는 명연설자들이 쟁쟁했어요. 김대중 의원은 맨 마지막, 말석 순번을 받았어요. 그때 민주당 정책위의장이었고….

점심을 먹고 낮 12시쯤 대연각호텔 앞 커피숍에 나랑 둘이서 들어갔어요. 나더러 녹음기를 틀어 놓으라고 하고…. 딱 15분 연설이었는데, 하고, 또 하고…. 저녁 7시쯤이 되어서야 "이젠 됐다"고….

바로 그 다음날이 연설 날이었는데, 유진오·유진산 연설할 때는 박수가 안 나왔어요. 소석(素石, 이철승)은 연설하면서 붓글씨로 미리 써 온 연설문을 들고 나갔어요. 연설문 양쪽 귀퉁이를 돌로 눌러 놓았어요. 그런데 바람이 너무 거세 가지고 연설문이 연 날아가듯 날아갔어요. 소석이 2분간 연설을 못했어요. 베러 부렀어요(망쳤어요).

5) 1946년 반탁전국학생총연맹 중앙위원장과 전국학생총연맹 대표의장으로서 신탁통치 반대운동 및 반공운동을 주도했다. 1954년 이른바 '사사오입' 개헌 때는 국회 부의장 멱살을 잡고 항의했다. 1955년 민주당 창당을 주도했다. 1970년대 김영삼, 김대중과 함께 '40대 기수론'을 주창했다. 유신독재 중기였던 1976년 '중도통합론'(中道統合論)을 내걸고 신민당 당수가 됐다. 극한투쟁으로 정국이 평행선을 달릴 때 대화와 타협, 최선이 아니면 차선을 추구했지만, 그의 노선은 강경파에 의해 '사쿠라'로 매도됐다. 2016년 2월 별세했다.

2014년 11월 3일 권노갑의 출판기념회에서 찍은 기념사진. 왼쪽은 회고록 연재 작업 당시
주무자였던 김창혁 〈동아일보〉 정치전문기자이다. (사진 제공 = 권노갑 전 의원)

　그 바로 뒤가 김대중 의원. 분위기를 확 뒤집어 놨어요. 연설 마치고 내려오

니까 여기저기서 사인해 달라고 난리였어요. 청중 수백 명이 '김대중'을 외치

면서 수첩을 꺼내고, 행카치프(손수건)를 꺼내서 사인해 달라고….

　김대중 의원은 뒤처져 있다는 걸 잘 알고 있었어요. YS(김영삼)는 4선 의원(3

·5·6·7대)이었고, 우리는 재선(6·7대)이었어요. 소석은 3선(3·4·5선)하고 8

년간 미국 망명하고 돌아온 상황이었고. 그런데, 딱 15분 연설에서 전세를 뒤

집어 버린 거예요.

　회고록 작업 내내 권노갑은 한 번도 김대중 대통령을 'DJ'란 이니셜로

부른 적이 없다. 시대 상황에 맞춰 '대통령', '총재', '선생님' 등의 호칭을

썼다. 이유를 물어봤다. "'스승은 그림자도 밟지 않는다'는 말이 있습니다. 평생 스승이었던 분을 어떻게 약칭으로 부를 수 있단 말입니까?"

'순명'이란 단어처럼 권노갑의 삶을 대변해 주는 단어가 있을까. 권노갑이 처음 순명이란 단어를 쓴 것은 2000년 '2선 후퇴'를 하면서였다.

김대중 집권 2년 차였던 2000년 8월 30일, 새천년민주당 전당대회. 정동영[6]과 권노갑은 나란히 최고위원이 됐다. 각각 청년 몫과 대통령이 겸직하고 있는 총재 몫(임명직)이었다. 이후 정동영은 천정배·신기남 등 소장파 의원들과 모임을 결성했다. '바른정치 실천모임'이었다. 15대 총선당시 이들의 공천을 주도한 권노갑은 모임 사무실을 마련해 주고, 매달 운영비도 보태 줬다.

그해 12월 2일, 당 총재인 김대중이 주관한 청와대에서의 최고위원회의. 김대중은 노벨평화상을 수상하기 위해 노르웨이 출국(12월 7일)을 예정해 놓고 있었다. 마지막 발언자 정동영은 갑자기 자리에서 일어섰다.

"시중에는 권노갑 최고위원에 대해 부통령이니, 제2의 김현철(김영삼정부 시절 '소통령'이라 불렸음)이니 하는 여론이 있습니다. 공기업 인사를 비롯해 당정 인사에 광범위하게 개입하고 있을 뿐만 아니라 각종 비리의혹까지 나돌고 있습니다. 2선으로 물러남으로써 당의 면모를 일신하

---

6) MBC 앵커 출신. 15대 총선에 이어 16대 총선에서도 전국 최다득표로 당선됐다. 2002년 대선 때 새천년민주당 국민경선에서 끝까지 후보로 남아 '경선 지킴이'란 애칭을 얻었다. 노무현 정부 초반 여당 대표(열린우리당 의장), 통일부장관 겸 국가안전보장회의(NSC) 상임위원장 등을 맡으며 '황태자'로 불렸다.

는 것이 좋겠습니다."

김대중은 두 눈을 감았다. 아무 말 없이 있다가 자리를 떴다. 회의는 그걸로 끝났다.

12월 17일. 권노갑은 성명을 발표했다. '2선 후퇴'였다.

"할 말은 많지만 아무 말도 하지 않겠습니다. 나라와 당과 대통령을 위해서 희생하고 양보하는 것이 저의 숙명이라고 믿기 때문입니다. 순명, 앞으로 저는 제게 주어진 이 같은 삶을 충실하게 살아갈 것입니다."

천수이벤 구속 뒷이야기 단독보도

2008년 11월 13일

천수이벤(陳水扁) 전 대만 총통은 한때 대만 민주화의 상징이었다.

그는 1951년 일용잡부의 아들로 태어났다. 고학으로 변호사가 됐지만 부(富)와는 거리가 먼 인권 변호사의 길을 선택했다. 1979년 대만 최대 공안 사건인 메이리다오(美麗島) 사건[1]의 변론을 맡은 것이 대표적 사례. 이후 정치에 투신했지만, 고난의 연속이었다. 1985년 고향인 타이완 남부 타이난(臺南) 시의원 선거에 출마했지만 낙선했다. 설상가상 부인 우수전(吳淑珍)은 교통사고로 두 다리가 마비됐다. '정치 보복'이라는 의혹

---

1) 공산당과의 내전에서 패배해 대만으로 철수한 국민당 정부는 계엄령을 발동해 철권통치를 했다. 1979년 반(反)국민당 체제 인사들은 〈메이리다오〉(美麗島, 아름다운 섬)란 잡지사를 만들고 '국제 인권의 날'인 12월 10일 대만 두 번째 도시 가오슝에서 계엄령 해제와 민주화를 요구하는 대규모 집회를 열었다. 국민당 정부는 경찰과 특수부대를 출동시켜 진압했다.

이 짙었지만 밝혀내지 못했다. 1986년에는 반체제 인사로 몰려 1년간 구속됐다.

하지만 좌절하지 않았다. 1989년 12월 "정의와 진보, 안전"을 내걸고 입법원(국회의원) 선거에서 당선됐고, 야당인 민진당의 제 1간사장이 됐다. 1994년 타이베이 시장 선거에서 당선돼 총통 후보로 떠올랐다. 그리고 2000년 5월 총통 선거에서 민진당 후보로 출마해 당선됐다. 1949년 대만 정부수립 후 첫 정권교체였다.

총통 취임 후 제 1 국정과제로 삼은 것은 '개혁'. 정경 유착의 고리를 끊기 위해 검은 돈과의 싸움을 시작했고, 공직 사회 개혁에도 착수했다. '적폐 청산'에 힘입어 2004년 3월엔 총통 재선에 성공했다.

그러나 곧 자신과 가족의 비리에 발목이 잡혔다. 2008년 11월 12일, 대만 최고법원검찰서 특별수사팀(대검찰청 중앙수사부 격)은 천수이볜을 구속했다. 개혁을 외치다 개혁의 대상이 돼 버린 것이다. 총통에서 물러난 지 6개월 만이었다.

국무기요비 1,480만 대만달러(6억 원)를 횡령하고 14억 대만달러(650억 원)와 5,000만 달러(667억 원) 등 1,227억 원을 스위스를 비롯한 해외로 빼돌린 혐의를 받았다. 국무기요비란 총통부가 외빈 접대, 외국과의 군사 협력 등을 위해 사용하도록 한 기밀비이다. 대만식 특수활동비인 셈이다. 대만 검찰은 "용처와 액수를 공개하지 않아도 되는 국무기요비의 맹점을 악용해 착복했다"고 밝혔다.

천수이볜의 구속 소식에 김종빈 검찰총장에게 전화를 걸었다.

"천수이볜과 독대했던 날짜를 확인해 주시겠습니까?"

음악회에 참석한 천수이볜(왼쪽)과 그의 아들 천즈중(陳致中). (사진 = 천즈중 페이스북)

나는 외교부에 출입하고 있었다. 2008년 1월, 김종빈에게 새해 인사를 갔다가 천수이볜과의 만남에 대해 들었던 적이 있었다.

2006년 초, 김종빈은 대만 법무성으로부터 초청장을 받았다. 검찰 및 검찰권을 주제로 특별강연을 해 달라는 요청이었다. 이 무렵, 대만은 꼬리에 꼬리를 물고 터져 나오는 천수이볜 일가의 비리로 어수선했다. 부인 우수전은 백화점 상품권을 뇌물로 받은 사실이 확인됐다. 사위 자오젠밍(趙建銘)은 내부자 주식거래로 거액의 부당이익을 챙긴 사실이 드러났다. 여대야소(與大野小) 덕분에 야당이 입법원(국회)에 제출한 총통 파면안(탄핵안)은 부결됐지만 '천수이볜 반대 시위'는 더욱 거세졌다.

김종빈이 선택한 강연 주제는 '검찰의 정치적 중립'. 김종빈은 "검찰 본연의 의무는 사정(司正)이다. '살아있는 권력'도 단죄할 수 있어야 한다"고 강조했다. 그러면서 한국 대검 중수부의 대선자금 수사(2003년 8월~2004년 5월)를 자세히 소개했다. 대선자금 수사 당시 김종빈은 대검 차장이었다.

"노무현 대통령이 2003년 2월 취임 이후 가장 먼저 밝힌 것은 '정치 개혁' 의지였다. 성역(聖域)처럼 여겨지던 대선자금에 대한 수사를 용인하면서 그 자신도 과녁 한가운데 섰다. 검찰은 한나라당의 '200억 원 차떼기'를 밝혀내면서 현직 대통령 측의 '검은 돈'도 철저하게 파헤쳤다. 자신의 희생을 감수한 현직 대통령과 성역 없는 검찰 수사는 음성적인 정치자금과 '돈 쓰는 정치'에 제동을 걸었다."

김종빈의 강연 내용은 현지 언론에 대서특필됐다. 천수이볜의 총통 당선으로 야당이 된 국민당 소속 인사들까지도 앞다퉈 면담을 요청했다. 질문은 하나였다. "정부 수립(1949년) 이후 끊이지 않아 온 부정부패를 뿌리 뽑을 수 있는 방법이 있겠느냐"는 것이었다.

2007년 12월, 김종빈은 다시 대만을 찾았다. 대만 법무성의 2차 초청이었다. 이번엔 천수이볜도 만남을 요청해 왔다. 두 사람은 총통실에 마주 앉았다. 배석자는 통역 한 사람뿐이었다. 천수이볜은 검찰에 대한 불쾌감부터 드러냈다.

"검찰이 내 주변을 부당하게 수사하려는데 어떻게 하는 게 좋겠나?"

총통부의 기금운용 실태를 오랫동안 추적해 온 대만 검찰은 충분한 증거를 확보했지만 현직 국가원수는 면책 특권이 있다. 대만 검찰은 부인 (우수전)만 부패 혐의로 기소했다.

김종빈은 대검 중수부 도입을 권했다.

"지도자가 당당해지려면 법의 심판대에 서는 것을 두려워해선 안 된다. 여야와 정파를 떠나 누구든 신뢰할 수 있는 수사기관이 있다면 수사를 통해서 의혹을 해소할 수도 있지 않겠나?"

김종빈과의 만남 직후 천수이볜은 대만 최고법원검찰서(한국의 대검에 해당)에 특별수사팀 설립을 허용했다. '대만판 대검 중수부 탄생'이었다. 결국 천수이볜은 자신이 만든 검찰기구로 인해 영어(囹圄)의 몸이 된 것이다.

2008년 11월 13일 자 〈동아일보〉엔 "천수이볜 구속 … 김종빈 전 총장과 1년 전 대화 화제"라는 단독기사가 실렸다. 천수이볜이 구속된 다음날이었다. 11개월 전 들었던 이야기를 천수이볜 구속을 계기로 꺼내 기사화한 것이다.

변양균의 자승자박

📷

2007년 8월 24일, 대통령정책실장 변양균[2]이 신정아[3](전 동국대 교수)의 '가짜 박사'(예일대) 학위 파문이 확산되는 것을 막기 위해 나섰다고 〈조선일보〉가 보도했다. 가짜 박사학위 의혹을 제기한 전 동국대 이사, 장윤 스님에게 전화와 만남을 통해 "더 이상 문제 삼지 말라"며 압박했다는 것. 장윤 스님은 2007년 2월 동국대 이사회에서 신정아 학력 의혹을 제기했다가 같은 해 5월 말 이사에서 해임됐다. 이후 신정아 관련 의혹을 거듭 제기해 온 터였다.

---

2) 해양수산부장관 노무현은 변양균을 만나본 뒤 "우리나라에 이런 공무원도 있구나"라며 극찬했다. 정통 예산 관료지만 고교 시절엔 미대에 진학하려 했고, 대학 2학년 땐 〈조선일보〉 신춘문예에 입선했다. 신정아 사건 당시 개인 사찰인 경북 울주 홍덕사 등에 특별교부세를 지원하도록 압력을 행사한 혐의(직권남용)가 인정돼 징역 1년, 집행유예 2년, 사회봉사 160시간을 선고받았다. 2017년 대선 때는 문재인 캠프에서 경제정책을 총괄했다.

3) 2007년 7월 4일 '최연소 광주 비엔날레 공동예술감독'으로 전격 발탁됐다. 주최 측이 예일대 박사학위 취득 등 학문적 성과와 국내 큐레이터 경력을 높이 샀기 때문이었다. 신정아 나이 35세였다. 그러나 곧 동국대 교수 임용(2005년) 당시 제출한 박사학위가 위조된 것으로 드러났다. 신정아는 검찰 조사에서 "학위 브로커에게 속았다"는 등 주장을 되풀이했으나 학력 위조를 시인할 수밖에 없었다. 문서 위조 등의 혐의로 징역 1년 6월의 실형이 확정됐다.

변양균은 장윤 스님과 접촉했다는 사실은 인정하면서도 "신정아 문제를 거론하지 않았다. 신정아와는 개인적 친분도 없다"고 반박했다. 그는 노무현 대통령에게서 두터운 신임을 받고 있었다. 기획예산처장관을 거쳐 2006년 7월부터는 대통령정책실장으로 경제·사회 정책을 관장하고 있었다. 변양균은 대체 왜 장윤 스님을 접촉했을까.

수수께끼를 풀어낸 것은 대검 디지털포렌식센터(Digital Forensic Center)였다. 9월 10일, 신정아의 컴퓨터에서 삭제된 이메일 수백 통을 복원해 변양균과 신정아의 '부적절한 관계'를 밝혀낸 것. 복원된 이메일은 연서(戀書)였다.

포렌식(forensic)이란 원래 '법의학'이란 뜻이다. 디지털 포렌식은 훼손된 디지털 기기 속에서 증거를 찾아낸다. 삭제한 이메일을 복구하는 것은 디지털 포렌식의 기본 중 기본. 분식회계파일 같은 것도 지워 봐야 소용이 없다. 얼마든지 복구할 수 있기 때문이다.

대검 중수부의 대선자금 수사가 끝난 뒤 대검은 '과학 수사'에 눈을 돌렸다. 급속하게 고도화되는 지능범죄에 빠르게 대응하기 위해선 대검 안에 디지털포렌식센터를 구축하는 것이 중요하다고 봤다. 미국식 과학수사대(CSI)를 갖춰야 한다는 것이었다.

그러나 반대하는 목소리가 높았다. "국립과학수사연구소만으로도 충분하지 않느냐"는 등의 반대 의견이 쏟아졌다. 예산 확보는 물 건너가는 듯했다.

대검은 기획예산처장관 변양균을 직접 설득하기로 했다. 변양균을 면담해 컴퓨터를 통한 지능범죄를 입증해 내는 기구나 전문가가 왜 필요한지를 설명했다. 자료도 만들어 전달했다. 변양균은 필요성을 수긍했다. '대검 디지털포렌식센터' 건립 예산으로 250억 원이 편성됐다.

결과적으로는 '변양균의 자승자박(自繩自縛)'이 되었다. 이 같은 사연은 2007년 9월 14일 자에 단독으로 실렸다. 2005년 대검을 출입할 때 듣고 메모해 뒀던 것을 2년 뒤 청와대에서 꺼내 쓴 것이다.

한편 2007년 변양균-신정아 사건 수사 때 서울 서부지검의 VIP조사실에 파견돼 신정아 수사를 담당했던 검사는 문무일[4] 대검 중수 1과장이었다(2018년 현재 검찰총장). 그는 대검 디지털포렌식센터 건립이 논의되던 2005년엔 대검 과학수사 2담당관이기도 했다.

디지털포렌식센터는 2012년 11월 국가디지털포렌식센터(NDFC)로 이름이 바뀌었다.

---

4) 1988년 정기승 대법원장 지명에 반대하는 '사법 파동' 당시 판검사 임용이 좌절될 수 있음에도 사법연수생들의 서명운동을 주도했다. 1999년 김태정 검찰총장이 '옷 로비' 의혹에 휩싸이자 동기인 강찬우 검사(추후 수원지검장)와 함께 '김태정 사퇴 촉구 서명운동'을 벌였고, 김태정이 법무부장관으로 영전하면서 인사 불이익을 당했다. 1994년 남원지청 검사 재직 당시 경찰이 단순 변사(變死)로 송치한 승용차 추락 사고를 치밀하게 파헤쳐 '지존파 사건' 전모를 밝혀냈다. 노무현 대통령 측근 비리 특검, BBK 대표 김경준 기획입국 의혹, '성완종 리스트' 등 굵직한 사건 수사에 참여했다. 서울 서부지검장 때는 대한항공 부사장 조현아의 '땅콩 회항' 사건을 지휘하며 조현아를 구속했다.

김대중 서거 호외 제작 뒷이야기

2009년 8월 18일

사람의 삶은 모두 한 편의 드라마다. '사람'처럼 재미있는 기사 소재는 없다. 역설적으로 가장 쓰기 어려운 기사가 인물기사다. 대상 인물이 세상에 너무 잘 알려져 있다면 더더욱 어려워진다. 필력이 발군(拔群)이든지, 전혀 알려지지 않은 이야기를 담지 않고서는 읽히지 않기 때문이다.

노무현 대통령 서거(2009년 5월 23일) 두 달여 뒤인 2009년 7월 13일. '동교동 특무상사' 이훈평이 전화를 걸어왔다. 김대중 대통령이 입원했다는 소식이었다. 고령의 노인에게는 치명적이라는 폐렴 때문이었다. 쉽게 다른 합병증으로 이어져 목숨을 잃을 수 있었다.

"마음의 준비를 해야 쓰것다(되겠다)."

85세였던 김대중은 건강이 좋지 않았다. 대통령 임기 말부터 신장투석을 해 왔다. 2003년에 관상동맥 확장시술을 받은 뒤부터는 매주 세 차례씩 신장투석을 했다. 2005년에는 폐에 물이 차는 폐부종 등으로 두 차례

193

입원했다. 1971년 5·25 총선 직전 의문의 교통사고로 다리를 절게 된 이후, 고무 밴드를 뺀 헐렁한 양말만 신어야 할 정도로 하반신의 혈액순환이 잘 되질 않았다.

후임 대통령의 갑작스럽고 비극적인 죽음에 김대중은 "내 몸의 절반이 무너져 내리는 듯한 느낌"이라며 목 놓아 울었다. 측근과 가족의 금품수수로 검찰 수사를 받다 "아무것도 할 수가 없다"는 유서를 남기고 고향인 봉하마을 사저 뒷산에서 몸을 던진 노무현. 염천(炎天) 같은 뙤약볕 아래서 노제(路祭)를 지켜보며 마음 깊이 비통해한 김대중은 일사병 증세를 보였다. 여기에 폐렴이 겹쳤다.

입원 사흘 만에 중환자실로 옮겨졌다. 그 다음날엔 인공호흡기를 달았다. 7월 29일엔 입을 통해 기도에 관을 넣는 기도삽관이 이뤄졌다. 미국 하와이에 나가 있다 급거 귀국한 권노갑은 "이번엔 못 일어나실 것 같다"고 했다.

데스크에 보고했다. "동교동이 장례 절차를 알아보고 있습니다."

나는 정치부 민주당 팀장이었다. 김대중이 한밤중 운명할 것에 대비해 윤전기를 돌릴 수 있는 새벽 3시까지 회사에 대기할 것(불합리해도 감내해야 한다고 생각했다), 호외(號外)를 준비할 것, 두 가지 지시가 내려왔다.

김대중은 너무나 잘 알려져 있는 인물. 알려지지 않았던 일화, 김대중이란 인물을 단적으로 보여 줄 수 있는 일화를 발굴하는 것이 중요했다. 7월 30일부터 점심시간마다 김대중이 입원해 있는 신촌 세브란스병원에 들렀다. 병상의 김대중을 지키기 위해 모여든 'DJ맨'들에게 이야기를 듣기 위해서였다. 다행히 신촌 세브란스병원은 당시 출입하고 있던 국회와도 가까웠다.

다양한 시각의 이야기를 취합하기 위해서는 에피소드를 소개해 줄 사람들의 성향이 다양해야 했다. 동교동계, DJ계 비주류, 비(非) 동교동계 출신 DJ계 등으로 성향을 분류해 대상을 정했다. 그리고 서거에 대비한 호외 제작 계획을 일러 주며 가장 기억에 남는 일화를 부탁했다.

동교동계 이훈평은 바둑과 관련된 에피소드를 들려줬다.

"김대중은 머리 좋은 사람보다 성실한 사람을 높이 평가했다. 평민당(평화민주당, 1987~1991년) 시절 밤 12시 넘어 퇴근하다 국회의원회관에 불이 켜진 사무실을 보게 됐다. 수행하던 최재승[1]에게 누구의 사무실인지 알아보도록 했다. 평민당 국회의원 A가 바둑을 두고 있었다. 김대중은 노발대발했다. 국민의 혈세로 운영하는 의원회관에서 왜 불을 켜고 바둑을 두느냐고. A는 다음 총선 때 공천을 받지 못했다."

동교동계 인사로 애초엔 김대중을 33년간 수행한 김옥두를 섭외했었다. 그러나 불벼락을 맞아야 했다. 인터뷰를 요청하는 취지를 듣자마자 김옥두는 벌떡 일어서더니 나가라고 고함을 쳤다.

"대통령께선 반드시 일어나십니다. 서거? 어디서 감히….".

김대중이 숱한 고난을 겪으면서도 꺾이지 않고 일어났던 데는 이유가 있었다.

---

1) 김대중 장남 김홍일의 경희대 2년 선배. 1987년 민추협 의장이던 김대중의 비서를 시작으로 평민당 총재 보좌관(1988년), 민주당 대표 비서실 차장(1992년) 등 지근거리에서 김대중을 보좌했다.

'DJ계 비주류'를 대표하는 인물은 단연 김상현(2018년 4월 별세). 그는 김대중이 1950년대 후반 운영한 동양웅변학원의 수강생이었다. 또 1971년 김대중의 첫 대선 도전 때까지 유일한 동지이자 참모였다. 1984년 김상현이 미국에 망명 중인 김대중을 대신해 상도동의 김영삼과 민추협(민주화추진협의회)을 결성하면서 역설적으로 김대중과 소원해졌다.

김상현은 최악의 상황에서도 위트와 유머를 잃지 않는 김대중의 면모를 단적으로 보여 주는 일화를 골라냈다. 1980년 전두환 신군부는 5·18민주화운동을 '김대중 일당이 정권을 잡기 위해 민중을 선동해 일으킨 봉기'라고 조작해 김대중에게는 사형을, 김대중을 따르던 김상현·이해찬·설훈·문익환 등에게는 실형을 선고했다. 이때의 일이다.

"1980년 김대중이 사형 선고를 받기 직전의 일이다. 신군부가 증인으로 내세운 재일동포가 '김대중은 간첩이다!'라고 외쳤다. 법정에 같이 있던 나는 '이 날강도 같은 놈들아!'라고 받아쳤다. 재판은 중단됐다. 법정을 걸어 나오던 김대중이 말을 걸었다. '김 동지, 한 건 했군!'"

한광옥은 대통령비서실장, 새천년민주당 대표 등을 지낸 대표적 DJ맨. 그러나 동교동계는 아니다. 1982년 민한당 국회의원이던 한광옥은 국회 정치분야 대정부 질문자로 나서 전두환 신군부를 향해 '김대중 선생 석방' 등을 요구했다. 내란음모 사건으로 청주교도소에 수감돼 있던 김대중은 이 일을 전해 들었다. 1985년 2·12 총선 직전 미국 망명길에서 돌아온 김대중은 한광옥을 따로 불렀다. 이렇게 DJ맨이 됐다.

한광옥은 1987년 4월 13일 전두환의 '호헌(護憲) 조치' 직후 김대중과 김영삼, 양김(兩金) 회동 때의 일화를 들려줬다. 한광옥은 당시 김대중의 수행을 맡고 있었다.

김대중: 직선제 개헌(改憲)을 요구하는 백만인 서명운동을 합시다.

김영삼: 백만이 뭐꼬? 천만은 돼야지.

김대중: 우리나라 인구가 4천만이에요. 만 20세 이상 유권자가 4분의 1이라
　　　　고 쳐도 천만인데, 그 사람들 모두 서명한다는 보장이 없지 않소. 백만
　　　　으로 가는 게 안전해요.

김영삼: 누가 세(세어) 보나?

1988년 7월 12일 서울 동숭동 대학로에서 열린 '양심수 석방 쟁취 국민대회'에 참석한
김영삼(민주당 총재)과 김대중(평화민주당 총재). (사진 = 김대중재단 홈페이지)

김대중은 즉각 김영삼의 주장을 받아들였다. 양김은 '직선제 개헌 천만인 서명운동'을 시작하여 6월 민주화항쟁의 도화선에 불을 붙였다. 실제로 서명한 국민이 몇 명이었는지는 아무도 세어 보지 않았다. 그러나 서명운동은 성공했다. 김영삼이 '직관의 지도자'라면 김대중은 '논리의 지도자'였던 것이다.

한광옥은 혼잣말처럼 읊조렸다. "두 사람은 같은 시기, 같은 투쟁을 하며, 같이 성장했다. 역량도 한계도 비슷했다. 만약 내가 김대중이 아닌 김영삼한테서 정치를 배웠다면 어땠을까."

인물기사에 에피소드와 함께 대표적 발언을 곁들이면 이해도를 더 높일 수 있다. 그러니 특정인의 '말'을 줄줄 꿰고 있어야 한다. 그중에서 대표작을 콕 집어내는 압축의 기술도 필요하다.

김대중이 야당 정치인이던 시절부터의 어록을 꼼꼼하게 살펴봐야 했다. 다음은 김대중 서거 호외에 실었던 "김대중의 말말말" 중 일부이다.

• 3선 개헌이 통과되면 박정희 씨는 제 2의 이승만 씨가 되고, 공화당은 제 2의 자유당이 됩니다. 이것은 해가 내일 아침 동쪽에서 뜨는 것보다도 더 명백합니다(1969년 7월 19일 효창구장 '3선 개헌 반대' 시국연설 중).
• 나는 사명감과 신념을 가지고 절망을 모르는 시시포스의 신같이 최후의 승리를 위해 싸워 나갈 것입니다. 싸우다 쓰러지는 무명(無名)의 투사가 될망정 이익을 위해 사술(邪術)만 농하는 마키아벨리는 되지 않을 것입니다(1970년 1월 24일 신민당 대선후보 지명전 참여를 밝히는 기자회견 중).

- 행동하지 않는 양심은 악(惡)의 편입니다(1975년 '민주회복국민회의' 집회에서 의 연설 중).
- 나는 내 인생을 힘껏, 때로는 목숨까지 걸고 살아왔습니다. 무엇이 되기보다 어떻게 사느냐를 고민하면 가난해도 성공한 것이고, 병에 걸려 설사 일찍 세상을 뜬다 하더라도 그 사람은 성공한 사람입니다. 모두 인생의 성공자가 될 수 있습니다(2008년 11월 중·고교생 간담회 중).

2009년 8월 18일 오후 1시 48분. 김대중의 서거 소식이 공식 발표됐다. 김대중의 몸에 부착돼 있던 여러 인공장치가 제거된 시각이었다. 사전에 제작된 호외를 서울 도심 곳곳에 뿌렸다. 김대중이 병상에서 죽음과 싸우던 37일, 내게는 'DJ'라는 거목(巨木)을 배우는 시간이었다.

"내 목을 먼저 쳐라"

📷

검찰총장 송광수의 재임 2년은 검찰의 정치적 중립과 국민의 신뢰를 회복한 기간으로 평가됐다. 무엇보다도 세상을 깜짝 놀라게 한 대선자금 수사로 정치자금에 대한 국민적 각성을 이끌어 냈다. 노무현 대통령은 대선자금 수사가 진행 중이던 2004년 3월 11일, 대선캠프 시절의 자금 관련 문제를 해명하면서 '송광수호(號) 검찰'에 대해 "소름이 끼친다"고 평가했다.

임명권자인 대통령을 소름 끼치게 한 검찰의 수장(首長) 송광수의 퇴임식(2005년 4월 2일)을 앞두고 예정된 특별 인터뷰는 그만큼 입체적이어야 했다. 대검 검사들을 찾아다니며 일화를 수집했다. 가지가지 에피소드가 모였다.

송광수의 별명은 '송주임'이었다. 법조계에선 까다로운 상관에게 대개 '주사'(主事)나 '주임'(主任)을 성(姓) 뒤에 붙인다. 주사와 주임은 6·7급 공무원의 직급이니, 그만큼 일처리가 꼼꼼하고 깐깐하다는 얘기였다.

'일반 시민'을 가장해 전화 점검을 당해 본 검사들도 적지 않았다. 송광수는 일선 검사장실에도 전화를 걸곤 했다.

2003년 4월 3일, 노무현 대통령이 청와대에서 송광수 검찰총장(오른쪽)에게 임명장을 수여한 뒤 악수하고 있다. 가운데는 강금실 법무부장관. (사진 = 노무현재단 홈페이지)

"검사장님 계신가요?"

"병원 가셨는데요, 누구시죠?"

"저, 시민입니다."

업무 시간에 개인적 용무를 보거나 일찍 퇴근한 검사장에게는 불호령을 내렸다. 당시 서울 시내 지검장 K, L은 두고두고 기자들의 짓궂은 놀림을 받았다.

일에 관해서는 '독한 사람'이었다. 검찰 인사를 관장하는 법무부 검찰국장(2001~2002년) 때였다. 해외연수를 지원한 검사 가운데 토플 성적이 1등이었던 A가 탈락했다. 송광수는 A의 미해결 사건 수를 지적했다. 다른 동료들에 비해 월등히 많았다. 주변의 만류도 있었지만 송광수는 "근무 시간에 영어 공부만 한 것 아니냐?"며 기어코 A를 탈락시켰다.

송광수의 검찰 재임 때 '후배'들은 보고 중 용어 하나하나에도 신경을 써야 했다. 당시 부장검사였던 Y의 증언이다.

"보고할 때도 식은땀이 난다. '사건을 뗐다'(처리했다는 뜻)고 했다가 '누구는 사건을 붙여 놓느냐고 혼이 난다. 보고서에 '효과 거양(擧揚)'(효과를 거뒀다), '인식 제고'(인식을 높였다) 등의 어려운 말을 함부로 쓰면 빨간색 X표가 죽죽 그어진다."

한편 송광수는 '검찰주'라 불린 폭탄주를 싫어했다. 대구지검 평검사 시절, 지검장 송광수한테 혼쭐이 난 O(추후 고검장으로 퇴임했다)의 전언이다.

"검사장님, 폭탄주 한잔 하시죠."

"O 검사는 폭탄주를 그리 잘 하십니까. 내는(나는) 밥을 잘 먹는데. 술잔과 밥그릇을 누가 먼저 비우는지 내기합시다."

많은 검사들이 송광수를 두려워했지만 원망하거나 미워하지는 않았다. 거기엔 비결이 있었다. 일을 잘하면 칭찬을 아끼지 않는다, 좋은 수사를 하면 총장 판공비를 아껴 격려금을 보낸다, 상황을 면밀히 파악해 깰 때만 정확하게 깬다.… 특별 인터뷰에는 취재한 내용이 깨알같이 담겼다.

송광수는 시대를 잘 만난 운 좋은 검찰총장이 아니었다. 그는 전임 검찰총장이 노무현 대통령의 '평검사들과의 대화' 직후에 갑작스럽게 사퇴하면서 총장에 취임했다(2003년 4월). "검사스럽다"는 말이 시대의 욕설로 회자되던 때였다.

하지만 송광수는 특유의 소신과 배짱으로 승부수를 던지며 위기를 돌파해 나갔다. 특히 대선자금 수사 당시 정치권이 반발할 때마다 정면 돌파하겠다는 '의지'를 출근길 발언 등에 담았다.

"외압 막으라고 검찰총장이 있는 것이다."

"총장이 5명은 옷을 벗어야 검찰이 '정치적 독립'을 이룰 수 있다."

퇴임사에서도 송광수는 그만의 화법(話法)을 담아 후배들을 독려했다.

"검찰이 정도(正道)를 벗어나 사도(邪道)를 넘나든다면 사회의 소금이 아니라 '공공의 적'입니다. 짠맛을 잃은 소금은 아무 쓸데없어 밖에 내버려져 사람들에게 짓밟힐 뿐입니다."

대검 출입기자들은 퇴임식 하루 전날 송광수를 기자실로 초대했다. 그리고 '진광불휘'(眞光不輝)가 새겨진 작은 순금 열쇠를 전달했다. '진광불휘'란 '진짜 빛은 번쩍이지 않는다'는 뜻으로, 송광수의 좌우명이었다. 출입기자단에게 퇴임선물을 받은 검찰총장은 송광수가 유일했다.

박근혜의 희한한 '계영배 선물' 보도

2014년 10월 28일

1996년 1월에 신문기자가 됐다. 방송이란 나와는 상관없는 것으로 알고 지냈다. 하지만 2011년 12월, 채널A라는 종합편성채널이 출범하면서 방송은 부업이 됐다. 신문 정치부 차장 시절엔 채널A 메인뉴스에만도 1주일에 2, 3번씩 출연해야 했다. 방송 뉴스는 한 꼭지가 보통 1분 20초가량. 반면 기자가 출연하는 코너는 8~10분이다. 출연자 한 사람이 방송 뉴스 7, 8꼭지에 해당하는 분량을 소화해야 하는 것이다.

신문과 방송을 병행하는 것도 쉽지 않았지만 시청자의 눈을 사로잡을 수 있는 뉴스거리를 찾는 게 난제였다. 2015년까지 채널A 메인뉴스의 시간대는 밤 9시 40분~11시였다. 오후 6시 이후 들어온 따끈따끈한 뉴스를 찾거나, 이미 알려진 뉴스를 '나만의 시각'으로 해석하려는 시도가 필요했다.

2014년 10월 28일 저녁, 채널A 메인뉴스 출연을 준비하고 있을 때였

2000년 10월, 청와대에서 진행된 이희호 여사(오른쪽) 특별 인터뷰. 서울 강남경찰서에 출입하던 사건기자의 인터뷰 요청을 이 여사는 수락했다.

다. 눈을 씻고 찾아봐도 정치 뒷이야기를 풀어낼 만한 사안이 마땅치 않았다. 박근혜 대통령과 이희호 여사 회동 내용을 담은 청와대 보도자료가 눈에 들어왔다.

박근혜는 박정희 대통령의 딸이고, 이희호는 박정희 치하에서 모진 고통을 당한 김대중 대통령의 부인이다. 두 사람의 만남은 박근혜의 대통령 취임 이후 처음이었다. 2014년 8월, 박근혜가 김대중 5주기에 화환을 보냈고, 회동 사흘 전인 10월 26일에는 이희호가 박정희 35주기에 처음으로 화환을 보내면서 자리가 마련됐다. 두 사람의 회동은 '박정희'로 대변되는 근대화 세력과 '김대중'으로 대표되는 민주화 세력의 화해라는 의미를 갖는 것이었다. 회동의 시작은 좋았다.

박근혜: 김대중 전 대통령 5주기 즈음에 뵙고 싶었는데 사정이 여러 가지 있다 보니 오늘에야 뵙게 됐다. 지난 5년간 여사님께서 김 대통령님 묘역에 일주일에 두 번씩 한 번도 거르지 않고 찾아가 기도하셨다고 들었다.

이희호: 5주기에 화환을 보내 주셔서 정말 감사하다.

박근혜: 여사님께서도 (박정희 35주기에) 조화를 보내 주셔서 감사하다. 건강한 모습으로 활동을 많이 하셔서 김 대통령님께서도 하늘에서 기뻐하실 것이다.

이희호: 북한 아이들이 상당히 어려운 처지에 있다. 추울 때 모자와 목도리를 겸해서 사용할 수 있는 것을 직접 짜고 있다.

박근혜: 북한 아이들에게 그런 마음과 정성, 사랑이 가장 필요한 것이 아닌가 생각한다. 편하실 때 방북 기회를 보겠다.

이희호: 한국에 여성 대통령이 탄생한 것을 자랑스럽게 생각한다. 여권신장을 위해 노력해 달라.

앞서 김대중 서거 2주기였던 2011년 8월, 나는 이희호와 특별 인터뷰를 했다. 이희호는 "6·15 정상회담 10주년이었던 2010년에 북측에서 정식으로 초청이 왔으나 천안함 연평도 사건, 북핵 문제 등으로 남북관계가 악화돼 방북하지 못했다"며 방북 희망부터 밝혔다. 박근혜 대통령의 당선(2012년 12월) 후 박근혜 측에 방북 의사를 여러 차례 전달했다고도 했다.

그러면서 이희호는 자신이 고문으로 있는 사단법인 '사랑의 친구들' 회원들과 함께 3~4세 어린이용 모자를 짜 왔다고 소개했다. 1만 개가 준비 돼 있지만, 보내질 못하고 있다고 했다. 인터뷰 후 이희호가 방북을 강력 히 희망하고 있다는 점을 박근혜의 '대변인 격'이던 이정현(당시 국회의원)에게 자세히 전달했다. 박근혜와 이희호, 두 사람의 회동은 내게도 의미 가 있는 것이었다.

그런데 보도자료의 마지막 구절에 절로 눈살이 찌푸려졌다. "환담이 끝나고 박 대통령은 이 여사에게 '계영배'(戒盈杯)를 선물했다." 인터넷에 게재된 기사의 내용은 모두 '시종 화기애애', '계영배 선물'이었다.

경계할 계(戒), 가득 찰 영(盈)! 계영배는 가득 참을 경계하라는 의미에 서 7할 이상을 채우면 술이 밑바닥 구멍으로 흘러내리게 고안된 술잔이 다. '과욕하지 말라'는 교훈을 담고 있는 것이다. 조선 후기 거상 임상옥 (1779~1855년)은 늘 계영배를 지니고 다녔다. 술잔에는 '계영기원 여이 동사'(戒盈祈願 與爾同死, 가득 채워 마시지 말기를 바라며, 너와 함께 죽기를 원한다)라는 문구를 새겼다고 한다.

박근혜는 야당 대표 시절부터 주변 인사들에게 계영배를 선물하거나 그 의미를 설명하곤 했다. 2004년 가을, 기자들을 서울 삼성동 자택의 저 녁식사에 초청한 자리에서도 계영배의 구조와 내력을 들려줬다.

"계영배는 술을 가득 채우면 잔 밑의 구멍으로 술이 흘러내립니다. 차 서 넘치는 것을 경계하는 의미로 우리 조상들이 계영배를 빚었다고 해 요. 그래서 이 술잔으로 술을 마시면 취하지도 않고요."

그러나 박근혜는 1952년생, 이희호는 1922년생이다. 이희호는 박근혜 의 모친인 육영수 여사(1925년생)보다도 연장자이자, 아흔을 넘긴 사회의

원로였다. 또 '전직 대통령 영부인'인 동시에 '여성운동가 1세대'였다. 그런 이희호에게 절제의 미덕을 갖추라, 분수를 지키라는 뜻의 계영배를 선물하다니. 청와대 참모들은 왜 만류하지 않았을까?

나는 방송에서 계영배의 뜻과 유래, 부적절한 선물이 된 이유, 청와대 참모들의 문제점 등을 조목조목 짚었다. 방송 후 친박(친박근혜) 핵심 의원의 부인이 연락을 해 왔다.

"구순 원로에게 계영배 선물이라⋯. 너무 황당하다. 청와대 참모들 중 누구도 '안 된다'고 말리지 않았다는 게 더 충격적이다. 이런 시스템이 유지된다면 비극이 벌어질 수밖에 없을 것이다."

기자는 보도자료를 맹신해선 안 된다. 보도자료는 참고자료일 뿐이다.

김대중과 박정희

📷

김대중은 박정희의 가장 큰 정적(政敵)이었다. 두 사람의 대립과 갈등은 1971년 대선 때 시작됐다. 혜성처럼 등장한 김대중(신민당 후보)에게 박정희(공화당 후보, 대통령)가 52% 대 48%라는 박빙으로 간신히 승리를 거둔 것이다. 김대중의 수난사는 여기서 출발했다.

김대중은 총선 지원유세에 나섰다가 대형 트럭과 충돌했다. 이 사고로 한쪽 다리를 절게 됐다. 2년 뒤엔 중앙정보부가 일본에서 김대중을 납치, 살해하려고 시도하였다. 이른바 '도쿄 피랍' 사건이다.

그러나 김대중은 대통령 취임 후 정치 보복을 하지 않았다. 오히려 박정희 기념관의 건립을 지원했다. 1999년 5월 13일 대구를 방문한 자리에서 김대중은 박정희와의 '역사적 화해'를 선언하면서 기념관 건립을 정부가 지원하겠다고 약속했다. '박정희 대통령 기념사업회' 부회장에는 권노갑을 앉혔다. 부지 선정에도 대통령비서실장 한광옥, 대통령정무수석 남궁진 등 측근들을 참여시켰다. 서울 마포구 상암동의 박정희 대통령 기념관은 정부 예산으로 세워진 첫 전직 대통령 기념관이다.

김대중의 퇴임 후 2004년, 한나라당 대표이던 박근혜는 동교동 김대중

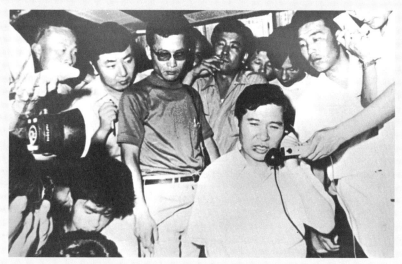

1973년 8월 13일, 피랍된 지 5일 만에 생환해 동교동 자택에서 기자들에게 둘러싸인 김대중. 왼쪽 입술이 부르터 있다. (사진 = 김대중도서관 홈페이지)

의 자택을 찾았다. 총선에서의 선전을 발판으로 차기 대권을 염두에 두기 시작하던 시기였다. 다음은 당시의 일문일답이다.

박근혜: 아버지 시절 여러 가지로 피해를 입으시고 고생하신 데 대해 딸로서 사과 말씀을 드립니다.

김대중: 과거의 일에 대해 그렇게 말해 주니 감사합니다. 정치를 하면서 내가 박정희 대통령의 최대 정적이었다는 것은 사실이지만 박정희 대통령이 국민에게 '하면 된다'는 자신감을 심어 준 것은 높이 평가할 만합니다. 동서화합이 중요합니다. 여기서 실패하면 다른 것도 성공하지 못합니다.

박근혜: 한나라당도 한반도 평화정착을 위해 미래지향적이고 지속적으로 노

211

력하겠습니다. 앞으로 남북문제에 대해 자문을 구하겠습니다.

김대중은 자서전에서 박근혜와의 만남에 대해 "박정희가 환생해 화해의 악수를 청하는 것 같아 기뻤다"고 기록했다.

통합신당 설계자 권노갑 단독보도

2014년 3월 5일

정치에서 밥 한 끼는 중요한 행위다. 밥을 함께 먹으면 상대를 이해하게 된다. 설득과 타협이 핵심인 정치에서 식사가 중요한 건 바로 그런 이유다. 오죽하면 '정치는 밥'이란 우스갯소리가 나왔을까.

2002년 새천년민주당 대선후보 경선을 앞두고 단신(短身)인 이인제[1]의 허리둘레가 36인치를 넘어섰다. 이인제는 당시 기자들에게 "한 끼에 세 번씩 밥을 먹다 보니 중원이 비옥해졌다"고 했다. 당시 대선주자들은 본격적인 세(勢) 불리기에 앞서 아침부터 밤까지 당내 의원들을 선수별,

---

1) 1987년 통일민주당 총재 김영삼에게 발탁됐다. 1993년 김영삼 정부 최연소 각료(노동부장관)로 기용됐고, 1995년 첫 민선 경기도지사를 뽑는 선거에서 승리했다. 1997년 신한국당 대선후보 경선에 단기필마로 출마해 2위를 했다. 이회창에 밀리자 국민신당을 창당, '리틀 박정희'를 내세워 500여만 표를 획득했다. 김대중과 손을 잡았지만, 2002년 새천년민주당 대선후보 경선에서 '노무현 돌풍'에 무릎을 꿇었다.

지역구별, 출신지별로 나눠 함께 식사를 했다. 밥보다 더 좋은 만남의 구실이 없었다.

　정치부의 정당 담당 기자가 된 2001년부터 출근 후 가장 먼저 살펴본 것은 밥자리였다. 특히 중량감 있는 정치인들끼리의, 그것도 공개되지 않은 밥자리는 뭔가 도모하는 시작점이다. "밥 한 끼 같이했을 뿐 특별한 얘기는 없었다"는 말을 곧이곧대로 믿는다면 기자를 할 자격이 없다.

　2014년 2월 초, 민주당 원로그룹 동교동계의 좌장 권노갑에게 안철수신당(새정치연합) 중앙운영위원장 안철수가 전화를 걸어왔다. 2월 13일에 저녁을 함께하자는 제안이었다.

　6·4 지방선거까지 넉 달을 앞두고 정치권은 새누리당(당시 여당)과 민주당, 안철수신당 등 3개 정파가 경쟁하는 '삼국시대'였다. 새누리당과 일대일 구도를 만들지 못한다면 민주당으로선 패색이 짙었다. 그러나 안철수 측은 6·4 지방선거에서 민주당과의 연대는 절대 없다는 입장을 매일 재확인하고 있었다.

　2월 13일 서울 여의도 한 음식점에서 마주앉은 권노갑과 안철수. 회동은 안철수의 제안으로 이뤄졌지만, 안철수는 말을 아꼈다. 권노갑에게 "조언을 해 달라"고 했다. 노련한 권노갑은 안철수가 흔들리고 있음을 간파했다. 겉으로는 민주당과의 연대에 '절대 불가'를 외쳤지만, 전국 단위 선거에는 전국적인 조직이 있어야 한다. 자금도 중요한 문제다. 권노갑은 1991년 9월 민주당 창당 당시의 상황을 자세하게 들려줬다.

　김대중이 처음 'DJ당'을 만든 것은 13대 대선을 1개월 앞둔 1987년 11

월이었다. 김영삼과의 단일화 협상이 깨지자 통일민주당을 탈당해 평화민주당을 창당한 것이었다. 대권 재수(再修)에 나섰지만 결과는 실패였다. 대선 패배의 책임을 지고 당 총재직을 사퇴한 김대중은 1988년 4월, 13대 총선에서 '전국구 14번'으로 배수의 진을 친 끝에 평민당을 제 1야당으로 만드는 데 성공하며 기사회생했다.

김영삼의 통일민주당은 1990년, 여당인 민주정의당, 김종필의 신민주공화당과 함께 3당을 합당해 민주자유당을 만들었다. 이기택[2]은 당시 통일민주당 부총재 및 원내총무였지만 3당 합당을 야합(野合)으로 규정, 합당 불참을 선언했다. 김광일, 노무현 등이 이기택의 선언에 동참했다. 현역 의원 8명이었다.

한편 김대중은 재야세력을 끌어 모아 1991년 4월 '신민주연합'으로 야권을 재편성했다. 이어 그해 9월에 이기택의 '꼬마 민주당'과 합당하며 '민주당'을 탄생시켰다. 이로써 정국은 여당인 민자당과 야당인 민주당으로 재편된다.

합당 당시 이기택은 70석의 신민주연합을 향해 당 대 당 합당을 제안했다. '꼬마 민주당'은 현역 의원은 물론 조직, 당직자도 김대중 측의 5분의 1이 안 되는 상황이었다. 그러나 김대중은 수용했다. 합치지 않고서는 이

---

2) 1960년 고려대 상대 학생위원장으로 고려대 4·18시위를 주도해 4·19의거에 불을 붙였다. 김대중, 김영삼과 함께 민주화에 헌신했지만, '양김'(兩金)의 그늘은 컸다. 1992년 김대중 정계 은퇴 선언 후 민주당을 이끌었지만, 1995년 김대중이 복귀하자 입지가 크게 줄었다. 1997년, 2002년, 2007년 대선 때 각각 이회창, 노무현, 이명박을 지지했다. 2016년 2월 별세했다.

1993년 7월 4일, 1992년 대선 패배의 눈물과 회한을 안고 영국으로 떠났다가 6개월 만에 귀국한 김대중(마이크를 든 사람)이 지지자들에게 연설을 하고 있다. 김대중의 오른쪽은 당시 민주당 총재인 이기택. (사진 제공 = 김옥두 전 의원)

듬해 3·24 총선(14대 총선) 패배가 뻔했다. 여야 일대일 구도를 만들기 위해서라면 무엇이든 다 내줘야 했다. 김대중은 이기택에게 동등한 지위(공동대표)와 지분을 약속했다. 이른바 '50 대 50 통합' 방식이었다.

1992년 3·24 총선에서 김영삼의 민자당은 과반수 의석에 미달하는 149석을 얻는 데 그쳤다. 수도권에서 선전했다지만 67석이나 줄어든 것이었다. 민주당의 성적은 97석이었다. 거대 여당의 참패였다.

집중해 듣는 안철수를 상대로 권노갑은 직접 설득에 나섰다. "더 큰 곳에서 '새정치'의 뜻을 펼쳐야 한다. 민주당과 함께 50 대 50으로 통합신당을 만들면 된다. 이번 지방선거에서 야권이 분열하면 거대여당만 유리해진다."

당시 안철수신당의 현역 의원은 안철수 외 송호창(19대 국회의원) 한 명뿐. 그러나 다급한 쪽은 민주당이니 무조건 통 크게 양보할 수밖에 없을 것이란 점을 권노갑은 정치사를 빌려 이야기한 것이다.

1992년 민주당은 김대중과 이기택 공동총재 체제였지만 '당권 = 이기택, 대권 = 김대중'으로 역할이 자연스럽게 나뉘어졌다는 점도 설명했다. 민주당 대표 김한길[3]은 대권주자는 아니었다. 문재인과 친문(친문재인)계와도 거리가 있었다.

권노갑-안철수의 저녁식사 회동 보름 뒤쯤인 3월의 첫 번째 일요일 오전 8시. 민주당 출입기자들에게 문자 메시지가 발송됐다.

오전 10시 민주당 대표 김한길-새정치연합 중앙운영위원장 안철수 긴급 기자회견.

김한길과 안철수는 당 대 당 통합에 합의했다고 발표했다. 안철수는 정치 행보를 바꾼 데 대해 "통합신당에 대해 여러 제안을 받았다"고 소개했다. 통합신당의 이름은 민주당과 새정치연합을 합친 '새정치민주연합'. 김한길과 안철수의 공동대표 체제였다.

---

3) 1981년 중편 〈바람과 박제〉로 〈문학사상〉 신인상을 받은 소설가 출신이다. 1991년 발표한 〈여자의 남자〉는 250만 부가 팔렸다. TV 토크쇼 〈김한길과 사람들〉, 라디오 토크쇼 〈김한길의 초대석〉 등을 맡아 방송인으로도 이름을 떨쳤다. 부친은 우리나라 진보정당의 선구자라 할 수 있는 김철 전 통일사회당 당수이다. 1995년 인기 탤런트 최명길과 결혼했다.

통합 기자회견 직후 안철수는 권노갑에게 전화를 걸었다. "고문님만 믿고 갑니다." 권노갑은 당시 민주당의 상임고문이었다.

나는 일찌감치 안철수의 저녁 제안을 알고 있었다. 〈동아일보〉의 권노갑 회고록 《순명》 연재 작업을 하고 있던 나는 매주 월요일이면 권노갑에게 식사 일정을 묻고 챙기고 있었다. 2월 중순 식사 약속에 대해 이것저것 묻고 권노갑은 "이틀 전 안철수가 저녁을 같이하자고 전화를 해 왔네"라고 했다.

귀가 솔깃했다. 안철수가 끝까지 '마이 웨이'를 하겠다면 다른 정당 소속인 권노갑에게 식사를 제안할 리 있겠는가. 권노갑이 차에서 먼저 내린 뒤 권노갑의 개인비서 문성민에게 부탁했다. "안철수와의 약속 날짜 좀 확인해 주시죠." 문성민은 수첩을 펴 보여 줬다. "2월 13일 저녁 6시, 여의도 ○○○이네."

13일 직후, 권노갑에게 안철수와 식사하며 어떤 이야기를 나눴는지, 식사는 몇 시간이나 했는지 물었다. 마지막 확인은 안철수에게 했다. 안철수는 통화에서 "권노갑 고문의 이야기를 경청했다"고 했다.

권노갑과 안철수의 저녁 회동을 단독기사로 정리한 것은 민주당과 안철수신당 간 합당이 발표된 직후였다. 지면에 다룬 합당 성사의 뒷이야기는 810자에 불과했지만, 모든 신문과 방송이 따라올 정도로 파장이 컸다. 권노갑은 '막후 실력자'로 부상했다.

공개된 '식사 회동'에서도 살펴볼 것이 있다. 가령 메뉴다. 메뉴가 어떤 분기점 역할을 할 수 있기 때문이다.

2015년 6월 30일 친문계 원로 원혜영[4]의 경기도 부천 자택에서는 '단합'을 위한 저녁 자리가 있었다. 새정치민주연합 의원 128명 중 참석자는 대표 문재인 등 70여 명. 안철수와 김한길 그리고 호남을 지역구로 한 비문계는 참석하지 않았다. 민주당과 안철수신당이 합치며 태어난 새정치민주연합은 안철수를 중심으로 한 비문(비문재인)계들이 탈당을 고심하기 시작하면서 심하게 삐걱대고 있었다.

이날의 저녁 회동은 일찌감치 일정이 공개돼 있던 터였다. 친문계 의원들을 대상으로 상 위에 오를 음식을 취재해 봤다. 각각 신안과 목포에서 공수한 홍어 1마리와 민어 2마리, 무안의 낙지 140마리···. 모두 당의 기반인 호남, 특히 김대중과 관련 있는 곳의 대표적 수산물이었다. 신안은 김대중의 출생지고, 신안-무안은 하나의 지역구로 묶여 있었다. 목포는 김대중의 정치적 고향이다.

비문계 의원들에게 전화를 돌려 봤다. 시큰둥했다.

홍어는 신안 산(産)을 최고로 치지만 코 끝 쨍하게 찬바람이 불 때 먹는 겨울철 생선이다. 목포를 중심으로 즐겨 찾는 여름보양식 민어는 10킬로그램 이상의 것을 상품으로 치는데, 산란기인 8월에 잡히는 것이 특 중의 특이다. 또 "지친 소도 벌떡 일어나게 한다"는 무안 세발낙지의 제철은

---

4) 민청학련 세대. 서울대 재학 중 4번의 제적과 복학을 반복했다. 입학 25년 만에 대학을 졸업했다. 1981년 생계를 위해 만든 식품회사가 풀무원이다. 1991년 '꼬마민주당'에서 노무현과 인연을 맺었다. 부친 원경선(1914~2013년)은 풀무원 공동체 창립자이자 거창고교 재단이사장으로 1948년부터 부천에 정착해 농촌 청년교육에 헌신했다.

가을이다. "오뉴월 낙지는 개도 안 먹는다"는 속담처럼 여름 낙지는 인기가 없다.

친문계 입장에선 '단합 저녁'답게 멀리서, 어렵게 공수한 것들이었다. 그러나 비문계는 제철도 못 맞춘 남도 음식을 '말로만 김대중 계승'이란 증거로 보고 있었다.

나는 채널A 정치부에서 파견 근무를 하고 있었다. 메인뉴스의 정치계 소식을 전하는 코너(당시엔 〈여의도 24시〉)에 출연해 상차림과 그 속에 담긴 정치적 의미, 그럼에도 봉합되기 어려운 갈등 상황 등을 두루 엮어 소개했다.

비문계의 탈당은 곧 현실화됐다. 2016년 4월 총선은 친문계의 더불어민주당과 비문계 중심의 국민의당으로 나뉘어 치러졌다.

뒷이야기
김대중 고향인 가거도의 민어?

📷

2018년 4월 24일, 문재인 대통령과 김정은 위원장의 4·27 남북정상회담을 사흘 앞두고 청와대 대변인 김의겸은 정상회담 만찬 메뉴에 대해 브리핑을 했다.

"김대중 대통령의 고향인 신안 가거도의 민어와 해삼초를 이용한 민어 해삼편수, 노무현 대통령의 고향인 김해 봉하마을에서 오리농법 쌀로 지은 밥, 정주영 현대그룹 명예회장이 소 떼를 몰고 올라갔던 충남 서산의 한우를 이용해 만든 숯불구이, 음악가 윤이상의 고향 통영의 바다문어로 만든 냉채 등으로 만찬을 꾸몄다. 부산에서 유년을 보낸 문 대통령의 대표적인 고향 음식인 달고기 구이와 김정은 위원장이 유년 시절을 보낸 스위스의 음식 뢰스티(rösti)를 재해석한 스위스식 감자전도 준비한다. 또 하나 주 메뉴는 평양 옥류관 냉면이다. 북측은 옥류관 냉면을 제공하기 위해 평양 옥류관 수석 요리사를 4월 27일 판문점으로 파견하고 옥류관 제면기를 통일각에 설치할 예정이다. …"

정상회담 만찬에는 2000년과 2007년 평양에서 1·2차 남북정상회담을 한 김대중, 노무현 두 전직 대통령의 고향 식재료가 포함됐다. 또 문재인 대통령이 유년 시절을 보낸 부산의 대표적 향토 음식도 함께였다.

1998년 6월 16일, 현대그룹 명예회장 정주영(당시 83세)이 북에 보낼 소떼에게 꽃다발을 걸어 주며 환송식을 하고 있다. 아버지의 소를 판 돈 70원을 들고 가출했던 정주영은 소 500마리를 끌고 고향을 방문했다. 판문점을 통한 방북으로는 분단 이후 최초였다. (사진 = 현대아산 홈페이지)

그런데 김대중의 고향은 가거도가 아닌 하의도다. 김대중의 호(號) '후광'(後廣)도 '신안 하의도 후광리'에서 태어나고 자란 것에서 유래했다. 하의도는 목포에서 남서쪽으로 57.9킬로미터 떨어진 반면, 가거도는 흑산도와 가깝다. 목포까지는 직선거리로 145킬로미터 거리이다. 홍어로 유명한 흑산도 근처여서인지 민어는 잘 잡히지 않는다고 한다.

청와대 대변인은 김대중의 고향을 몰랐을까? 가거도와 하의도를 헷갈린 것일까? 가거도에서 잡힌 민어를 김대중과 연결시키려다 실수가 빚어진 걸까?

그러나 브리핑 다음날, 대부분의 언론은 청와대 대변인이 불러 준 그대로 '김대중의 고향인 가거도…'라고 보도했다. 브리핑과 보도자료를 참고만 하고, 뜯어보며 확인해 봐야 하는 이유다.

한편 '윤이상의 통영 바다문어'는 논란을 불렀다. 윤이상은 세계적인 작곡가다. 그러나 1960년대 독일 유학생 시절에 북한에 있는 강서고분의 〈사신도〉를 직접 보겠다며 방북했다가 간첩으로 몰려 기소된 이후 국내에서는 줄곧 이념 논란에 시달렸다. 생전 북한을 여러 차례 오가며 김일성을 "우리 력사상(역사상) 최대의 령도자"라고 치켜세우기도 했다. 반쪽짜리 '국민통합'이 된 것 같아 아쉽기 짝이 없다.

정치에서의 음식 이야기 하나 더.

한나라당 계열의 정당과 민주당 계열의 정당은 체질이 다르다. 즐겨 먹는 음식도 완전히 다르다.

2009년 3월, 한나라당이 여당으로선 최초로 본회의장 앞 로텐더 홀을 점거했을 때 의원들이 밤에 가장 먹고 싶어 한 군것질거리는 피자였다. 국회 인근 피자집에서 배달해 온 피자를 맛있게 나눠 먹었다.

2008년 12월 말~2009년 1월, 민주당 의원들이 본회의장을 점거했을 때는 보성 벌교 산(産) 데친 꼬막과 영광의 모시 송편이 공수됐다.

페루 대통령 이코노미 순방 단독보도

2009년 11월 12일

"서울에 오게 됐어요. 잠깐이라도 만납시다."

민주당을 출입하고 있던 2009년 11월 10일, 반가운 연락을 받았다. 한병길[1] 주(駐)페루 대사였다. 국빈으로 방한하는 알란 가르시아[2] 페루 대통령의 일정에 맞춰 지구 반대편에서 날아왔다는 것. 통상 대통령 정상회담에는 해당국의 한국대사가 함께 들어와 배석한다.

한병길을 알게 된 것은 외교부를 두 번째 출입할 때(2008년 2월 26일~

---

1) 〈한국일보〉에 입사한 1980년, 외무고시에도 최종 합격했다. 회사 선배들은 외교관이 될 것을 권유했다. '민주'라는 단어가 요원했던 신군부 시절엔 해외여행이 허용되지 않았다. 그만큼 외교관은 선망의 직업이었다.

2) 1949년생. 페루의 정치인으로 대통령에 두 번(1985년, 2006년) 당선됐다. 2011년 4월, 멕시코와 콜롬비아, 페루, 칠레 4개국의 상품, 서비스, 자본, 노동력의 자유로운 이동을 보장하는 라틴아메리카 경제블록 '태평양 협정'을 주도해 성사시켰다. 2011년 7월 퇴임했다. 2000년의 법 개정으로 페루 대통령은 연임(連任)을 할 수 없다.

12월 31일)였다. 그는 중남미 지역을 총괄하는 중남미 국장이었고, 기자 출신이었다. 온종일 '기삿거리'를 찾아 헤매는 기자의 애환을 이해했다.

나는 그에게 "페루 대통령은 전용기로 왔겠군요?"라고 물었다. 그런데 예상하지 못했던 대답이 돌아왔다.

"일반 이코노미석을 끊어 순방 다니는 대통령이 흔하지는 않겠죠?"

페루에는 대통령 전용기가 있다. 그러나 가르시아에겐 철학이 있었다. 전용기는 이웃나라를 갈 때 정도에나 사용한다는 것.

"먼 나라를 전용기로 가면 50만 달러 정도가 든다. 이 돈이면 가난한 동 네에 병원 하나를 세울 수 있다."

페루에서 일반 비행 편으로 한국에 오려면 몇 곳을 경유해야 한다. 첫 번째 경유지는 뉴욕이었다. 가르시아는 뉴욕 발 도쿄 행 일본항공(JAL)의 이코노미 좌석을 예약했다. 신분을 확인하다 깜짝 놀란 일본항공 측은 좌석을 급히 비즈니스석으로 바꿔 줬다. 예우 차원에서였다. 도쿄에서 서울까지는 예약해 둔 그대로 이코노미 좌석을 이용했다.

수행원은 외교장관을 포함해 5명이었다. 한국 정부는 외국 정상이 방한하였을 때 6명(정상 포함)까지는 체류 비용을 부담해 준다. 한국 정부의 외교 규정을 알아보고 수행단 규모를 결정한 것이다.

한-페루 정상회담이 예정된 11월 12일, 〈동아일보〉에는 "정상회담 길 이코노미석 탄 대통령"이라는 제목의 단독기사가 실렸다. 국빈 오찬을 겸한 회담장에선 내 단독기사가 화제가 됐다고 한다.

이명박 대통령과의 오찬 및 정상회담에서 가르시아는 귀국 일정을 하루 연기했다. "한국에 와 보니 너무 좋다. 한강도 멋지다. 출국을 하루 연기해도 되겠는가?" 가르시아의 출국 일정은 11월 13일 오전으로 변경됐다. 이명박은 예정에 없던 만찬에 초청했다.

서울 삼청각 만찬장에서 두 정상은 페루의 전통주 피스코 사워(Pisco Sour)[3]로 여러 차례 건배를 했다. 정상이 체류 일정을 변경하는 것은 외교 관례상 거의 전례가 없는 일이었다.

---

3) 페루의 '국민 칵테일'이다. 안데스산맥에서 재배한 포도로 만든 증류주 피스코에 라임 즙, 설탕, 달걀흰자, 얼음을 갈아 거품을 올린 후 계핏가루를 살짝 뿌려 마신다.

1년 뒤인 2010년 11월 14일. 가르시아는 사흘 일정으로 다시 한국을 찾았다. 한-페루 자유무역협정(FTA) 협정문 서명 등을 위한 국빈 방한이었다. 이때도 가르시아는 이코노미석을 끊었다. 11월 10일(현지 시간) 리마를 출발, 미국 뉴욕에서 일본항공으로 갈아타고 11월 13~14일 요코하마 아시아태평양경제협력체(APEC) 정상회의를 거쳐 당일 밤 한국 김포공항에 도착했다. 일본항공은 이번에도 예우 차원에서 뉴욕-도쿄 구간의 좌석을 비즈니스석으로 바꿔 줬다.

현대중공업 조선소와 석유화학단지 등 국가기간산업 현장 견학이 성사되자 가르시아는 이번에도 체류 일정을 하루 연장했다. 나 역시 가르시아의 일정에 맞춰 일시 귀국한 한병길을 잠시 만날 수 있었다. 2009년 정상회담에 관하여 알려지지 않은 흥미진진한 이야기를 하나 더 들을 수 있었다.

2009년 11월 12일, 가르시아는 오찬장인 '상춘재'로 이동하다 넘어졌다. 입고 있던 바지가 찢어졌다. 청와대 측에서 급히 보내준 바지를 입고 식사를 마친 뒤 그는 감쪽같이 수선된 바지를 건네받고 감탄사를 연발했다. "한국이 짧은 시간 내 발전한 이유를 알 수 있을 것 같다!"

2010년 11월 15일 자 〈동아일보〉에는 이 숨겨졌던 에피소드를 소개하는 단독기사가 실렸다.

일국의 대통령이 이코노미석을 끊어 정상외교를 벌이는 것은 국가의 곤궁함을 드러내는 것일 수도 있다. 그러나 부끄러움보다는 '국민'을 먼저 생각하는 태도는 배울 만하다. 이런 지도자가 있는 나라의 미래는 결코 어둡지 않을 것이다.

한편 2011년, 한병길이 페루를 떠날 때 가르시아는 직접 주페루 한국 대사관저를 찾아 각별한 아쉬움을 표시했다고 한다. 페루 대통령이 한국 대사관을 방문한 것은 1972년에 대사관이 문을 연 이후로 처음이었다. 나와 한병길의 교류도 당연히 현재진행형이다.

연말에 취재원들에게 마음을 담아 보내는 손 편지

📷

취재원이 존재하지 않는 기자, 기사는 생각할 수 없다. 그만큼 기자에게 취재원은 중요한 존재다. 기자의 성공 여부는 취재원을 어떻게 확보해 제대로 취재하고 보도하는가에 달려 있다.

특종이나 단독으로 굵직한 기삿거리를 안겨 주는 취재원은 흔치 않다. 스트레이트 부서에서만 뛴 내가 취재원에게 가장 기대하는 것은 결정적 사안을 확인해 주는 것이다. "맞다", "그건 절대 아니다" 등…. 결정적 순간에 전화 연결이 안 되거나, 방향성 있는 답변을 이끌어 내지 못한다면 낭패다.

하지만 기사만을 위해 취재원을 사귀면 관계가 오래가지 못한다. 취재 현장에서 진실하고, 정의감 있으며, 마음이 통하는 취재원을 만나는 건 기자의 큰 복이다. 기사 재료를 주는 존재로서의 취재원이 아니라, 인생의 선배이자 동료를 얻어야 한다.

10년 차쯤 된 뒤로 연말이면 각별한 감사함을 느낀 취재원 몇몇에게 손 편지를 보내곤 했다. 그 사람에 맞는 인사말과 글로 내용을 채우려면 잠시라도 고민을 해야 했다. 받는 사람들은 굉장히 의미 있어 했다. 꼬박꼬박 답장을 보내주기도 했다.

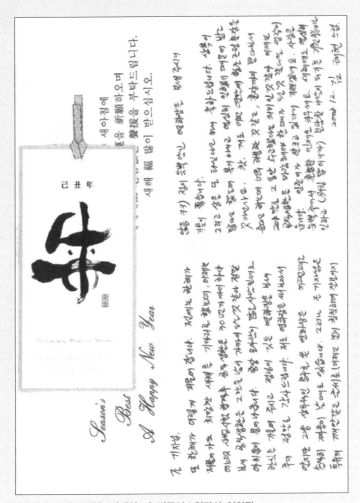

2008년 말에 보내온 김태현 전 법무연수원장의 연하장.

가장 많은 연하장을 주고받은 사람은 2009년 1월 법무연수원장을 끝으로 검찰을 떠난 김태현 변호사다. 정성이 듬뿍 담긴 취재원들의 손 편지를 힘들 때마다 가끔 펴 보곤 한다. 그 효과는 녹용 한 사발보다 더 위력적이다.

파독(派獨) 간호보조원 출신 대사 단독보도

2008년 4월 30일

외교부는 매년 봄마다 세계 180여 재외공관장들을 서울로 불러 모은다. 재외공관장 회의다. 전체 외교관 2,500여 명 가운데 본부 근무자는 800명 남짓이며, 임지에선 보통 2, 3년씩 머문다. 재외공관장 회의를 앞두고 외교부 출입기자들은 '인물 취재'에 나선다.

2008년 4월, 외교부 실·국장 집무실을 돌아다녔다. 그런데 A 국장이 귀가 번쩍 뜨이는 이야기를 들려줬다.

"김영희 대사가 딱 적임자인데… 여성 대사이기도 하지만, 파독(派獨) 간호조무사(보조원) 출신이거든. 그런데 한 번도 출신을 공개한 적이 없어요. 외교부가 순혈주의가 워낙 강한 곳이기도 하고…."

김영희는 주세르비아·몬테네그로 대사로, 대한민국에서 세 번째로 여성 대사가 된 사람이었다. 2008년 당시 외교부의 유일한 여성 대사이기도 했다. 세르비아 공관의 연락처를 수소문해 전화를 걸었다. 그러나 김

233

영희는 취재를 거절했다. 두 번 더 전화를 걸어 설득하고 또 설득했다. 김영희는 일단 '서울 나들이' 일정에 맞춰 차나 한잔 같이하자고 했다.

빨간색 재킷과 파마기 없는 단발머리가 인상적이었다. 인생역정을 묻자 경쾌한 답이 돌아왔다.

"공부하고 싶어서였지, 다른 이유가 뭐가 있었겠어요?"

김영희는 9남매 중 막내였다. 오빠와 언니들이 상급학교에 진학할 때마다 부모님이 농사짓던 땅이 자꾸 줄어만 갔다. 학비를 벌어 대학에 진학할 요량으로 200명 뽑는 서울시 공무원 시험에 응시했다. 합격이었다. 응시자 1만 명 중 9등. 서울 중구청 민원실 호적 업무가 첫 업무였다.

1970년, 우연히 만난 고교 동창에게서 독일에서 일할 간호보조원을 뽑는다는 말을 들었다.[1] '간호보조원으로 일하면서 대학에 갈 수만 있다면…' 미련 없이 사표를 던졌다.

간호사들의 독일 이주는 1950년대 말부터 시작됐다. 당시 '라인강의 기적'이라 불리는 급속한 경제발전을 이룩한 독일에서는 사회복지 수요와 함께 간호 인력 수요도 증가했다. 하지만 간호사의 수는 턱없이 모자랐다. 인내심과 희생정신을 필요로 하는 간호사가 되길 꺼렸기 때문이다. 독일은 한국을 비롯한 세계 80여 개 국가의 간호 인력을 '손님 노동

---

1) 독일 취업이 중단된 1976년까지 서독으로 파견된 한국의 간호 인력은 간호사와 간호보조원(현 간호조무사)을 합쳐 총 1만 1,057명이었다. 당시 대한민국 정부는 파독 광부와 파독 간호인의 3년 치 노동력과 노임을 담보로 서독 정부로부터 1억 5천만 마르크의 독일 상업차관을 유치했다.

자'(Gastarbeiter), 계약직 이주노동자로 받아들였다. 1969년 8월, 박정희 정부는 독일 병원협회와 간호사 파견 공식협정을 체결했다.

1972년 8월 27일, 김영희는 하노버와 함부르크 사이의 작은 도시 월첸 시(市)에 도착했다. 도착 다음날부터 시작된 간호보조원 생활은 고행이었다. 오전 6시부터 12시간, 온갖 보조기구를 몸에 매달아 100킬로그램도 넘는 남성 환자들을 하루에도 몇 번씩 침대에 올렸다 내렸다 반복하고 먹이고 씻겼다. 대소변도 받아 내야 했다. 하지만 김영희는 학업에 대한 열정을 포기하지 않았다. 일이 끝나자마자 자전거를 집어타고 집 대신 야간대학의 어학강좌실을 향해 페달을 밟았다. 월첸은 오후 6시면 버스가 끊기는 소도시였다.

3년간의 간호조무사 계약이 끝났다. 귀국 대신 쾰른대 예비과정(대학 입학 자격)에 도전했다. 그리고 예비과정을 1등으로 마쳤다. 꿈에 그리던 대학생이 된 것은 1975년 8월, 그의 나이 스물여섯이었다. 잠자는 시간 4시간을 빼고 공부에만 매달렸다. '박사가 된 다음엔 죽어도 좋다'는 일념이었다. 결국 대학에 입학한 지 10년 6개월 만에 철학 박사학위를 쟁취해 냈다.

김영희는 귀국했다. 그러나 한 사립대 면접장에서 총장이 "야간대학을 다닌 사람이 교수한다고 하면 사람들이 웃는다"고 면박을 줬다. 국립대 면접에서도 미역국을 마셨다. 독일로 돌아간 김영희는 쾰른대 600년 역사상 '철학 전공과목을 강의한 첫 외국인 여성 교수'가 됐다.

그러나 인생의 전환점이 또 다시 찾아왔다. 1989년 11월에 베를린 장벽이 무너지고 이듬해 10월에 독일이 통일되자 한국 외무부는 주독일 한국대사관에서 일할 독일 전문가를 수소문했다. 외무부 인사위원회 인터 뷰에서 김영희는 이렇게 말했다.

"한국은 나를 낳아 주고 키워 줬다. 독일은 내 정신을 채워 줬다. 한국 과 독일의 가교(架橋)가 되고 싶다."

합격통지서를 받자마자 안정적 미래가 보장된 대학교수직을 버렸다. 외교관으로서의 첫 보직은 '구주국(歐洲局, 현 유럽국) 서구과 서기관'이었 다. 1991년 2월 리하르트 폰 바이츠제커 독일 대통령의 통역을 시작으로 2005년 8월까지 대부분 주독일 한국대사관에서 근무했다.

2005년 9월엔 대한민국의 세 번째 여성 대사로 임명장을 받았다. '유럽 의 화약고'라 불리는 발칸 반도에서도 가장 정세가 불안하던 세르비아· 몬테네그로 대사였다. 대사배(盃) 태권도 대회, 중고생 영재를 대상으로 한 한국 에세이 콘테스트를 개최하는 등 '한국 알리기'에 주력했다. 재임 중 몬테네그로가 독립하면서 직함은 '세르비아 대사'로 바뀌었다. 코소보 사태가 터지고 각국 외교관들이 본국으로 떠날 때도 김영희는 남았다. 유일한 여성 대사로서 코소보 사태를 지켜봤다.

남편은 쾰른대 재학 시절 만난 네 살 연하의 미국인 조지 해서넌(세인 트어거스틴 칼리지 철학과 교수). 유학 시절에 사랑을 확인했지만 남자는 미국으로 돌아가야 했다. 결혼식을 올린 것은 만난 지 15년 만이었다. 김 영희는 '외국인과 결혼한 첫 여성 대사'라는 기록도 세웠다.

김영희는 강조했다. "일류대 출신이 아니어서, '빽'(백그라운드)이 없어 서, 집이 가난해서 등 '안 되는 이유'를 먼저 찾는 사람은 이미 그 상황에 진 것이다."

"정말 독하다"는 질문에도 태연했다. "독하지 않고서 어떻게 꿈을 이룰 수 있습니까?"

그의 지칠 줄 모르는 도전은 2008년 4월 30일 자에 단독기사로 실렸다. 이후 그에겐 TV, 여성잡지, 신문사 등으로부터 인터뷰 요청이 쏟아졌다. 그의 이야기는 2010년《20대, 세계무대에 너를 세워라》라는 제목의 책으로도 출간되었다.

김영희 단독 인터뷰 후 출간된
책의 표지

그러나 2008년 9월, 김영희는 외교부를 떠나야 했다. 정년 때문이었다. 김영희는 1949년생이다. 외교부에는 외교부장관의 결정만으로 정년을 연장할 수 있는 대사급 보직 30여 자리가 있다. 하지만 김영희의 연장 신청은 받아들여지지 않았다.

김영희 같은 '독일통'은 외교부에서 쉽게 나오지 않는다. 그 점이 너무 아쉽다. 국익(國益)이란 관점에서.

뒷이야기
외교부의 순혈주의

📷

인사철이면 유독 소란스러운 곳이 있다. 외교부다.

외교부는 보통 3년 단위로 인사가 이뤄진다. 직원 2,200여 명 중 절반 이상이 해외에서 근무하는데, 자신뿐 아니라 가족까지 동반한다. 중동, 아프리카 등 오지(奧地), 험지(險地)를 피하기 위해 연줄은 물론 없는 '빽'도 동원하고 싶다는 게 외교부 직원들의 말이다.

외교부에서 잘나가는 '워싱턴 스쿨'(북미통), '저팬 스쿨'(일본통)에 편입되면 탄탄대로를 달릴 확률이 높다. 비슷한 경로를 밟아 요직에 오른 선배들이 밀어주고 끌어주기 때문이다. 2014년 심재권 의원이 외교부로부터 받은 자료를 분석한 결과 20년간 외교부장관을 역임한 인사 14명 중 12명(85.7%)이 서울대 출신이고, 그중 10명 중 7명(외부 인사 제외)이 '북미라인'에서 근무했던 것으로 나타났다.

이명박 정부 때엔 출신 고교가 인사의 주요 변수가 되기도 했다. 유명환 장관, 신각수 차관, 이규형 주중 대사, 김영선 대변인, 조현동 북핵외교기획단장 등이 모두 서울고 출신이었다. '서울랜드'란 말까지 회자됐다. 박근혜 정부 때엔 장관(윤병세), 차관(김규현), 주미 대사(안호영), 유엔 대사(오준), 북핵 6자회담 수석대표인 한반도평화교섭본부장(조태용) 등이 모두 경기고 동문이었다. '서울랜드'를 '경기랜드'가 대체한 셈이다.

2010년 9월에 유명환의 딸이 '나 홀로' 지원해 '나 홀로' 특채된 사건도 이런 구조에서 비롯된 것이다. 같은 고교, 같은 대학 동문들이 요직을 독차지하는 구조에 매몰되어 '그 정도는 괜찮다'고 안이한 판단을 했을 것이다. 물론 이들 중에도 출신 고교나 출신 대학만이 아닌, 실력이 뛰어난 사람들도 있다. 그러나 기회조차 주어지지 않는다면 실력을 발휘할 수 없다.

서울대를 나온 것도, 외무고시 출신도 아닌 여성 김영희가 우리나라 세 번째 여성 대사라는 자리에 오르기까지 얼마나 고군분투했을까.

제 4 부

좌충우돌
올챙이 기자 시절

여중생 교내 출산 특종보도

1996년 7월 5일

1996년 1월 신문사에 입사했다. 그러나 기자가 된 것은 아니었다. 6개월 간 꼬박 수습 생활을 거쳐야 기자가 될 수 있기 때문이었다.

수습은 불철주야 경찰서를 뛰어다녀야 한다. 사건기자는 대개 '사츠마와리'[1]라 불리는데, 수습은 '사츠마와리'와 경찰서에서 먹고 자는 '하리꼬미'[2]를 병행해야 한다. 그 시절 가장 고통스러웠던 건 추위도, 배고픔도 아닌 잠이었다. 늘 잠에 굶주려 있었다. 하루 서너 시간, 경찰서 숙직실에서 눈을 붙이는 게 고작이었으니까.

---

1) 한국 언론의 기원은 1883년 〈한성순보〉이지만 본격적인 언론 활동은 20세기 초 일제 시대에 시작되었다. 그래서 기자들이 사용하는 일상어 중 상당수가 일본어에서 유래했다. '사츠마와리'(察廻)는 경찰기자를 뜻하는 일본 말로, '경찰서를 돈다'란 의미다.
2) '잠복해 감시한다'는 뜻이다. '사츠마와리'라 불리는 경찰이나 법조계 출입기자들이 주로 하게 된다. 우리말로는 '뻗치기'로 대체될 수 있다.

경찰서에선 금요일 자정 무렵에나 나올 수 있었다. 1주일 간 갈아입은 속옷, 양말, 옷가지가 담긴 빨래 가방이 어깨를 짓누른다. 집을 잠시 '방문'해서 간신히 세탁기에 빨래를 밀어 넣고 곧장 대(大)자로 뻗어 시체처럼 잠들었다가 깨어나 보면 어느덧 토요일 오후다.

세탁된 빨래를 건조대에 널어 마르길 기다리고 모처럼의 집밥을 먹고 나면 몸도, 마음도 바빠진다. 경찰서에 복귀해야 하는 '데드라인'(토요일 밤)이 다가오기 때문이다. 목욕탕이나 미용실이라도 들렀다 가려면 더 서둘러야 한다.

경찰서로 복귀하는 어깨엔 다시 큰 가방이 둘러져 있다. 1주일을 버틸 속옷과 양말, 간단한 옷가지가 담긴 '예비 빨래' 가방. 그땐 언론사는 물론 모든 회사가 월요일부터 토요일까지 엿새를 일하고, 일요일 하루만 쉬는 주 6일제였다.

수습의 하루는 보통 새벽 4시쯤 시작된다. 할당된 라인의 경찰서, 대형 병원 등을 돌면서 사건·사고, 일정을 챙겨 1진(陣) 선배에게 보고해야 한다.[3] 억울한 것은 뼈 빠지게 일하고도 험한 욕 듣기가 일쑤라는 것이다. 기삿거리나 이야기가 안 되는 것을 골라내지 못하거나, 빠뜨리는 게 많아서다.

더욱이 수습은 자가운전을 할 수 없다. 자체 규정이다. 내가 수습일 때 휘발유 1리터 가격은 600원쯤 됐지만, 차를 몰지 못하니 한 달 택시비가

---

3) 언론사가 모든 경찰서에 기자를 배치하기는 어렵다. 그래서 동선을 고려해 구역을 정하고 이를 '라인'이라 부른다. 한 라인에는 대개 한 명의 기자가 배치되지만, 사건·사고가 많은 곳에는 2명 또는 3명이 배치되기도 한다. 라인에 배치되는 선임이 1진이다.

100만 원쯤 나왔다. 월급이 정식 기자의 60% 정도였던 그 시절, 월급 받아 택시비 내고 나면 손에 쥐는 게 없었다.

또 일요일부터 금요일까지 저녁마다 회사로 복귀해 그날 발생한 사건으로 연습기사를 써서 제출해야 했다. 물론 이것으로 끝이 아니다. 늦은 저녁 밥상엔 꼭 삼겹살과 소주가 올랐다.

이런 도식의 생활을 주 6일, 6개월간 매일 이겨 내야 기자가 될 수 있다. 과연 탈(脫)수습의 그날은 올 것인가.

1996년 6월 30일, 도무지 올 것 같지 않았던 '그날'이 왔다. 계절은 겨울과 봄을 거쳐 여름이 돼 있었다.

정식 기자 사령장을 받고 종로 라인의 1진 기자가 된 지 사흘 뒤. 시경 캡으로부터 삐삐 호출[4]이 왔다. "73209118282". 서울경찰청 기자실(02-732-0911)로 서둘러 전화하라는 의미였다. "오후 1시까지 시경 앞으로 뛰어 오라." 도착해 보니 바이스 캡 K도 와 있었다.

"은밀하게 취재할 사안이 생겼다. 며칠 전 도봉구의 중학교에서 3학년 여학생이 교실에서 시험을 치르다 양수가 터졌다. 구급차 실려 병원으로 이동하던 중 출산을 했다. 우리가 아는 것은 학교와 병원뿐이다."

'수습' 딱지를 갓 뗀 내가 투입된 건 순전히 '여기자'였기 때문이었다.

---

4) 내가 수습과 사건기자를 하던 1990년대 중후반기엔 허리엔 삐삐를, 호주머니엔 공중전화용 동전을 상비했다. 공중전화가 없는 올림픽대로 등에서 선배의 호출이 받을 때면 애간장을 태워야 했다.

1980년 10월 12일, 서울 중앙고에서 실시된 〈동아일보〉 입사 필기시험 모습. 장발, 나무 책걸상 등이 눈에 띈다. 여자 수험생의 모습은 보이지 않는다. 고승철(나남출판사 사장), 신경민(전 MBC 앵커, 현 국회의원) 등도 합격했지만 전두환 정권의 '언론통폐합' 조치로 합격이 취소됐다. (사진 = 동아일보DB)

여중생 출산을 취재하는 데에는 아무래도 여기자가 수월하지 않겠느냐는 논리였다. 1990년대 중반만 해도 여기자는 언론사마다 1년에 한 명 뽑을까 말까 할 정도였고, 스트레이트 부서 소속 여기자는 더 귀했다.

사건팀 차량에 몸을 싣고 K는 S여중으로, 나는 D병원으로 향했다. D병원에 도착한 것은 오후 2시 30분. 산부인과 병동으로 향했다. 머릿속은 복잡했다. 어떻게 취재를 해야 한단 말인가. 간호사들이 앉아 있는 책상 앞을 3번쯤 왔다 갔다 했다. 누구를, 어떻게 접촉할 것인가. 간호사 한 사람이 다가왔다.

"어떻게 오셨죠?"

순간, 나도 모르게 거짓말이 튀어나왔다. "도봉경찰서 형사계에서 나왔습니다. 며칠 전 구급차에 실려 오면서 출산한 여중생에 대해 몇 가지 물어보러 나왔습니다."

간호사의 눈이 빠르게 내 행색을 훑고 지나갔다. 점퍼와 면바지, 단화…. 간호사는 차트를 꺼내 왔다.

"6월 27일 오후에 들어왔네요. 산모와 아이의 상태는 아주 좋아요. 담당 의사 선생님이 마침 진료실에 계신데 직접 물어보시는 게 좋을 것 같네요."

경찰서에서 먹고 자다 보니 말투나, 행동거지가 형사를 닮아 있었나 보다. 친절한 간호사는 담당 의사의 진료실 앞까지 안내해 줬다.

똑똑똑. 가볍게 세 번을 두드린 뒤 진료실에 들어섰다. 심장이 터질 듯 두근거렸다. 40대로 보이는 의사는 안경 너머로 물끄러미 나를 바라봤다. 주눅이 들어 거짓말을 할 수 없었다. "신문사 기자입니다"라며 명함을 건넸다. 의사는 놀라지도 않았다. 나는 빠르게, 질문을 이어 갔다.

— S여중 3학년 학생이 교실에서 진통을 하다 병원으로 오던 중 구급차 안에서 출산했다고 들었습니다.

"있었죠. 그런데요?"

— 학교에선 학생이 만삭인 줄 모르고 있었나요?

"학교가 어떻게 알죠? 산모도 몰랐다던데."

— 어떻게 모를 수 있나요?

"몸의 변화가 많은 때에요. 성장기란 말입니다. 살이 찐다고 생각할 수 있고,

그 나이 땐 생리가 불규칙한 경우도 많고…. 임신 사실을 알았다 해도 출산 날 짜를 따져 볼 수 있는 중 3이 몇이나 있다고 생각합니까?"

— 학생의 엄마도 몰랐을까요?

"알았으면 가만있었겠어요?"

— 교실에서 양수가 터져 구급차를 불렀는데 병원까지 못 오고 구급차 안에서 출산을 했습니다. 출산이 그렇게 빨리 이뤄지는 겁니까?

"정말 뭘 모르시네. 진통부터 출산까지 걸리는 시간은 사람마다 달라요. 또, 요 즘 10대들 얼마나 발육 상태가 좋습니까?"

의사는 곧 질문자가 됐고, 나는 수세에 몰려 방어에 급급했다.

"몇 가지 물어봅시다. 배란일 알고 있어요? 계산법 알아요? 대학 나와 서 신문기자 한다는 기자도 모르는 것 같은데 여중생이 알겠어요? 여중 생이 애를 낳았다, 애가 애를 낳았다 하며 기자나 언론은 호들갑 떨지만 그런 게 무슨 뉴스라고…."

진료실 들어온 지 30분이 지나가고 있었다. 오후 5시까지 회사에 복귀 하려면 시간이 없었다. 말이 끝나지 않은 의사를 제지하고 다급하게 본 론으로 들어갔다.

— 아기 성별이 어떻게 됩니까?

"남자 아이에요."

— 태어났을 때 아이 체중은요.

"3.2킬로그램."

― 아이 아빠도 물어보셨지요?

"산모한테 오빠가 있대요. 자주 놀러 온 오빠 친구라고. 부모는 오토바이 배달 일을 하고 있어 집을 비우는 일이 많았다고 하고."

― 아이는 키우기로 했나요?

"아니, 어떻게 키웁니까. 한국에서 키울 수 있다고 생각해요? 출산 직후 H복지 회에서 다녀갔어요. 아이는 외국으로 (입양) 보내기로 했습니다."

― 산모와 아이, 모두 건강하다는 말씀이죠?

"그렇죠."

고개를 꾸벅 숙이고는 달려 나오듯 진료실을 빠져나왔다. 더 이상 물어볼 자신도 없었다.

회사에선 시경 캡, K가 초조하게 나를 기다리고 있었다. K는 교무실에서 쫓겨날 뻔했다고 했다. 여학생이 출산한 지 사흘 뒤에 자퇴서를 제출했다는 정도만 들을 수 있었다고 했다. 나는 의사에게서 챙긴 사실 몇 가지를 보고했다. 남아, 3.2킬로그램, 산모와 아이 모두 건강, H복지회, 입양, 오빠의 친구….

다음날인 7월 5일 자 1면 머리기사로 실린 기사의 제목은 "여중생 학교 출산"이었다. 기사는 한국기자협회의 '이달의 기자상'(1996년 7월)을 받았다. 첫 특종, 첫 기자상이었다.

수습 교육 지침

📷

1996년 1월, 수습 신분으로 경찰서에 배치되면서 〈수습교육 지침서〉를 받았다. 지금은 언론사의 사건기자 교육 방식, 서울 시내 경찰서 수 등 많은 것이 달라졌지만, 기자라는 직업에 대한 이해를 돕기 위해 내가 받았던 지침서의 일부를 소개해 본다.

1. 수습의 마음가짐

수습은 사회부 사건팀에 배치된 뒤 脫(탈)수습 할 때까지 사회부장과 시경 캡의 지휘하에 교육을 받는다. 기본적 취재 방법과 기사 작성법 등을 배운다. 기자로서의 기본적인 소양을 길러야 하는 매우 중요한 시기다.

수습은 사회부에 배속되는 즉시 일체의 개인 생활을 유보한다. 꼭 필요한 집안 경조사 이외 친구들의 모임이나 개인적인 취미 생활 등은 수습 교육 기간 동안 허용되지 않는다. 또 일정한 출·퇴근 시간이나 휴일이 따로 없으며 모든 생활은 시경 캡의 지시에 따른다.

기자는 능력도 중요하지만 성실한 태도와 노력하는 모습을 보여야 한다. 선배를 존경하고, 동료를 사랑하는 인간됨이 기자 생활의 성패(成敗)를 좌우한다는 것을 명심한다.

회사에서 선배들을 만나면 반드시 큰 소리로 인사해 자신의 존재를 알리고 선배들의 이름과 얼굴을 빨리 익힌다. 질병, 사생활 등으로 수습 생활에 지장이 있을 때는 혼자 고민하지 말고 반드시 1진을 통해 시경 캡, 부장에게 보고한다.

2. 사건팀 취재 영역.

- **사건·사고:** 살인, 납치, 성폭행, 유괴, 변사, 폭행, 강도, 절도, 사기 등 사건과 교통사고, 붕괴사고, 폭발사고, 화재 등 사고는 사건팀의 기본적인 취재 영역이다.
- **교육:** 입시 일정, 대입제도 변경 등 교육부와 교육청에서 공식 발표하는 기사 이외의 모든 교육 관련 기사는 사건팀의 영역이다. 대입제도의 변화와 입시학원의 양태, 과열 과외 현상 등이 이에 속한다.
- **시민·재야운동:** 서울 시내에는 여성, 환경, 노동, 재야, 종교, 사회 문제 등 각종 사회단체가 수천 개 있다. 사회단체의 움직임과 활동은 사건팀의 취재 영역이다.
- **학생운동:** 대학 총학생회는 사건팀의 주요 출입처다. 각종 시위·집회는 물론 학생운동의 변화, 운동권의 움직임 등이 취재 대상이다.
- **병원:** 영안실, 응급실, 중환자실, 특실 등은 각종 사건사고와 가장 밀접한 장소다. 새로운 질병의 발견, 유행병, 환자와 관련된 미담(美談)도 챙겨야 한다. 병원 응급실, 환자기록대장의 전문용어를 잘 익혀 놓으면 편리하다.
  - ─ DOA(Death On Arrival): 도착즉시사망
  - ─ SW(Stab Wounded): 자상(刺傷)

— TA(Traffic Accident): 교통사고

— DI(Drug Intoxication): 약물중독

• **시장·호텔·백화점**: 시장, 백화점의 상거래 질서와 세일(sale)과 관련된 문제점 등이 취재 영역이다. 호텔도 때에 따라서는 주요 취재처가 된다.

3. 사건팀 현황·취재·보고

① 사건팀 현황

사건팀은 편의상 서울 시내 31개 경찰서를 2~5개씩 묶고(라인) 9묶음으로 나누어 그 관할 지역을 취재 대상 지역으로 편성하고 있다.

• 시경 캡 = 서울경찰청

• 바이스 캡(중부) = 중부, 용산, 남대문

• 종로 = 종로, 성북, 종암

• 강남 = 강남, 서초, 수서, 송파, 강동

• 동부 = 동부, 성동, 동부지청

• 관악 = 관악, 남부, 노량진, 방배

• 영등포 = 영등포, 강서, 양천, 구로, 남부지청

• 동대문 = 동대문, 청량리, 중랑

• 도봉 = 도봉, 북부, 노원, 북부지청

• 마포 = 마포, 은평, 서부, 서대문, 서부지청

② 취재 및 보고

수습은 새벽에 자신이 맡고 있는 라인 내의 모든 경찰서와 병원, 소방서 등을 돌아다니며 사건·사고를 취재해 오전 7시까지 1진의 집으로 1차 보고를 한다. 새벽 취재에서는 많은 곳을 돌아다녀야 하기 때문에 반드시 택시를 이용한다. 사고 위험이 있으므로 수습 기간에는 자가용 운전을 불허한다. 1차 보고에서 1진의 지시를 받고 취재를 한 뒤 새벽 6시 1진 기자실로 2차 보고를 한다. 이후 보고는 1진의 지시에 따른다.

기자실로 전화할 때는 타사 기자가 전화를 받을 수 있으므로 "수습 ○○○입니다. ○○○ 선배 부탁드립니다"로 통일한다.

보고 요령은 반드시 사건·사고의 개요를 파악해 '야마'를 잡은 뒤 1문장으로 짧게 보고하는 것이다. 즉, 사건·사고 내용 전체를 이야기하지 말고 기사를 썼을 때 리드에 해당하는 1문장을 보고하면 된다. 이는 보고 받는 사람이 기사가 되는지 안 되는지 짧은 시간 내에 빠르게 파악하도록 하기 위해서다. 기사 '야마'와 관계없는 부분을 주저리주저리 늘어놓으면 일의 효과가 떨어진다는 점을 명심해야 한다. 야마를 잘 파악하는 것이 기자의 최고 능력이다. 복잡한 사건·사고의 야마를 제대로 잡는 것이 기사의 생명이다.

추측이나 허위 보고는 용납되지 않는다. 보고 내용의 모든 '팩트'는 반드시 자신이 직접 눈과 귀로 확인했거나 경찰 조서에 나와 있는 것 또는 관련자로부터 직접 들은 신빙성 있는 증언을 토대로 해야 한다. 확인하지 못했거나 잘 모르는 부분에 대해서는 "그 부분은 아직 확인하지 못했다", "잘 모르겠는데 다시 알아보겠다"는 등 명확하게 보고해야 한다. '아마 그렇겠지', '상식적으로 그것이 맞다'는 생각에 허위 또는 추측 보고를 하면 반드시 오보가 나온다.

253

4. 기타 유의사항.

취재 현장에서 타사 기자를 만나게 된다. 언론계에서는 회사를 막론하고 입사 날짜를 기준으로 선후배를 따진다. 하지만 취재 현장이나 출입처에서는 선후배에 관계없이 똑같이 회사를 대표하는 기자라는 점을 명심해야 한다.

학대에 숨진 7살 소녀 단독보도
2000년 5월 22일

1999년 4월 30일 밤 서울아산병원. 긴급 후송된 여자아이가 응급실을 거쳐 소아중환자실로 옮겨졌다. 이미 의식도, 호흡도 없는 상태. 인공호흡기를 단 아이의 몸은 끔찍한 상태였다. 팔은 2, 3번 부러졌다가 치료를 받지 못한 듯 제자리를 잡지 못하고 있었고, 엉덩이뼈는 부러져 있었다. 몸 곳곳엔 깊은 화상과 그로 인한 농양….

아이 이름은 전윤숙, 일곱 살이었다. 아이의 부모는 "계단에서 떨어져 119 구급대를 불렀다"는 말을 되풀이했다. 주치의는 "뇌출혈, 두부혈종, 뇌부종 등 두뇌 손상이 너무 심하다"며 소생 가능성이 없을 것 같다고 진단했다.

나는 서초·수서·강남·송파·강동경찰서와 서울아산병원, 삼성서울병원 등을 담당하는 '강남 라인' 1진이었다. 5월 1일 아침, 시경 캡에게 1차 보고를 끝내자마자 송파경찰서 형사계로 달려갔다. 형사계장 J는 20

년 넘게 강력 사건을 다뤄온 강력통이었다.

"어젯밤 아산병원으로 실려 온 아이, 보고 들었지요? 대략의 병원 기록만 봐도 학대가 분명합니다."

"조 기자, 지금 바로 기사 쓰면 안 돼. 사건의 윤곽이 드러나면 꼭 조 기자한테만 알려 줄 테니 기다려 줘요. 부모가 너무 태연해서 보험금을 노린 계획범죄가 아닌가 싶어. 아이를 위해서라도 이걸 밝혀내야 돼. 부탁합니다."

매일 한 번씩 J에게 전화를 걸었다. J는 "기다려 봐요. 약속은 지킬 테니" 하는 말만 반복했다. 그 사이 아이가 입원한 병원에선 매일매일 이상한 일이 벌어졌다.

입원 다음날, 아이의 담임선생님이 찾아왔지만 면회는 이뤄지지 않았다. 3월 2일에 입학한 윤숙이는 사고를 당한 4월 30일까지의 출석일수가 15일에 불과했다. 야외 현장학습 체험 때는 담임에게 "부모 말을 듣지 않고 무서워하지도 않아 버릇을 잡기 위해 보낼 수 없다"는 연락이 왔다.

뇌사 9일째인 5월 8일, 아이 엄마는 "입원비만 늘어나고 있으니 호흡기를 떼 달라"고 요구했다. "어떻게든 살려야 하지 않느냐"며 병원 직원들이 막아서며 한바탕 싸움이 벌어졌다.

5월 19일, 결국 아이가 숨졌다. 다음날 국립과학수사연구소가 부검을 해 보니 아이의 뇌는 물처럼 녹아 있었다. 심한 발길질을 당한 듯 췌장염도 심했다. 부러진 허리뼈와 골반으로 폐출혈도 심했다. 등에는 채찍질 탓으로 보이는 크고 작은 흉터가 생생했다.

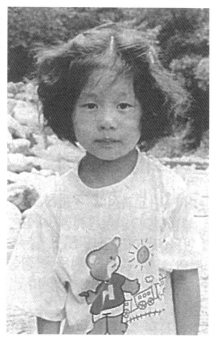

1998년 여름.
아버지가 재혼하기 전 윤숙이의 모습.
(사진 제공 = 송파경찰서)

　5월 21일, 아이는 벽제 화장터에서 한 줌의 재가 되었다. 가정의 달 5월
에 벌어진 비극. 재를 거둔 것은 비보(悲報)를 듣고 일본에서 날아온 친엄
마였다. 함께 살고 있는 엄마는 새엄마였다.

　아이의 장례식 다음날인 5월 22일 새벽 4시. 요란하게 삐삐가 울렸다.
J였다.
　"조 기자, 지금 ○○ 파출소로 날아올 수 있어?"
　잠이 덜 깬 나는 되물었다. "지금요? 파출소요?"
　"윤숙이 부모한테 지금 막 자백 다 받았거든. 경찰서에서 조사하면 기

자들한테 다 풀(pool)¹⁾ 될 것 아뇨."

목동 집에서 송파구 석촌호수를 지나 ○○ 파출소까지는 25킬로미터가 넘는 장거리였다. 서둘러 새벽 올림픽도로를 달려갔다. 집에서 출발한 지 한 시간쯤 뒤 도착한 ○○ 파출소 2층에는 30대 부부가 고개를 푹 숙인 채 앉아 있었다.

조서에 따르면 계모는 3월에 윤숙이가 1급 장애를 당할 경우 9억 원을 받을 수 있는 2개의 생명보험에 가입했다. 보험 가입 이틀 뒤 윤숙이의 왼쪽 팔이 갑자기 부러졌고, 233만 원이 지급됐다. 윤숙이가 병원으로 실려 온 4월 30일엔 4층 연립주택 현관에서 굴러 떨어졌다. 바닥까지 높이 1.5미터였다. 아이가 발을 헛디딘 게 아니었다. 계모가 청소기 막대기로 아이를 밀어 넘어뜨린 것. 돈에 눈이 멀어 아이에게 장애를 남기려 한 범죄 행위였다. 윤숙이의 온몸에 깊은 화상과 농양이 있었던 것도 종종 뜨거운 샤워기 아래 세워둔 계모 때문이었다.

조서에는 윤숙이 입원 다음날 계모가 경찰서를 찾은 사실도 확인됐다. 계모는 경찰서를 4번이나 방문했다. 보험금을 신청하기 위해 필요한 '실족사 사실 확인서'를 발급받기 위해서였다.

송파경찰서는 권 씨에 대해 구속영장을 신청했다. 상해치사와 아동학대 혐의였다. 당시 아동학대의 법정 최고형은 겨우 2년, 아동학대에 대한 사회적 인식 자체가 낮을 때였다. 최고형이 징역 15년인 상해치사를 함께 적용한 이유 중 하나였다.

---

1) '풀'이 동사로 사용된 경우엔 '기자들에게 알려지다'란 뜻으로 이해하면 된다.

당시는 석간이던 〈국민일보〉 2000년 5월 22일 자 1면과 사회면에는 "가정의 달, '학대'에 꺾인 7살 새싹"이라는 제목으로 20여 일간 취재한 내용이 실렸다. 아이의 천진난만한 모습, 가혹한 학대를 증명하는 화상 입은 손 등 J와 병원으로부터 확보한 사진도 함께 실었다.

J는 기다리면 단독기사를 만들어 주겠다는 약속을 지켰다. 그러나 윤숙이 사건을 처음 알게 된 건 병원의 응급실에서였다. 사건기자에게 병원은 기삿거리를 1차적으로 접할 수 있는 창구다.

수습기자였던 1996년 4월 7일.

새벽 4시, 종암경찰서 숙직실('종로 라인' 2진 기자실)에서 눈을 떴다가 으슬으슬한 몸살 기운에 다시 눈을 감고 잠을 청했다. 지침대로라면 종암·성북경찰서, 고려대 안암병원, 종로경찰서를 순서대로 돌면서 사건·사고와 응급실 및 영안실 상황을 점검해 보고해야 했다. 오전 6시에 1차 보고를 하며 1진 선배인 Y에게 이실직고했다.

"몸이 너무 좋질 않아 마와리(경찰서)를 돌지 못했습니다. 세 곳 경찰서와 관련해선 특이사항 없다고 타사 기자들에게 풀(pool) 받았습니다."

Y가 대답했다. "병원도 특이사항 있겠어? 오늘 한 번만 눈감아 준다. 내일부터는 철저히 하도록!"

그날 낮 1시에 Y에게서 삐삐 호출이 왔다. 1진 기자실에 전화를 걸었다. "수습 조수진입니다. ○○○ 선배 부탁드리겠습니다."

Y의 목소리엔 날이 서 있었다. "오늘 새벽 성신여대 총장실에서 농성을 벌이던 학생 하나가 안암병원으로 옮겨졌다가 사망했어. 오래 단식을

한 친구야. 새벽에 병원 마와리를 돌았으면 챙길 수 있었을 거야. 그것도 단독으로. 그건 알고 있으라고."

새벽 1시, 성신여대 총장실에서 농성을 벌이던 권 모(24세) 씨가 갑자기 가슴이 답답하다며 통증을 호소했다. 안암병원으로 급히 옮겼지만 10여 시간 만인 오전 11시에 숨졌다. 심근경색이었다. 총학생회 정책국장이던 권 씨가 3월 25일부터 등록금 관련 자료의 공개를 요구하며 10일 동안 단식농성을 벌이다 총장실 점거에 들어간 지 나흘째였다. 병원 측은 "쇠약해진 상태에서 바이러스가 심장에 침입해 심근경색을 일으킨 것으로 추정된다"는 소견을 내놓았다.

아뿔싸, 그간 거르지 않았던 병원 마와리를 딱 한 번 걸렀는데 이게 무슨 낭패란 말인가. 당시 내가 있던 언론사는 석간신문을 내고 있었다. 석간의 기사 마감은 낮 12시였다.

뜻밖의 사고로 죽는 변사(變死) 사건은 경찰서에 접수된다. 그러나 신고자 조사, 가족 조사, 변사자의 사망 당시 사진까지 기록에 반영하는 데는 하루가량의 시간이 걸린다. 사건기자들이 경찰서 외에도 대형 병원의 영안실을 매일 점검하는 이유다.

영안실에서는 빈소의 분위기만 봐도 '수상한 죽음'을 감지할 수 있다. 영정 사진이 없다거나(돌연사), 바짝 깎은 헤어스타일, 검은색 양복 차림의 덩치 좋은 사내들이 빈소에 가득하다거나(가령 조직폭력과 관련된 사망), 영정의 주인공이 학생(가령 자살) 또는 앳된 군인(가령 군내 사고로 인한 사망)일 경우 등이다. 빈소를 살펴 객관적이며 간략하게 사인(死因)을 물어볼 만한 사람을 찾는 것이 노하우이다.

내가 사건기자이던 시절만 해도 기사화할 만한 죽음엔 당사자의 '마루 사진'이란 걸 함께 실었다. 테두리가 둥근 원 모양의 인물 사진을 뜻한다. 마루 사진을 챙기는 건 취재보다 열 곱절은 힘든 일이었다. 망자(亡者)의 갑작스러운 죽음에 넋이 빠져 있는 유족들에게 "사진 좀 받을 수 있을까요" 하며 물어보는 것 자체가 쉽지 않았다.

입사 5년 선배인 S가 수습기자 시절에 "마루 사진을 꼭 챙겨야 한다"는 1진 기자의 당부를 받고 빈소에 놓여 있던 영정 사진을 집어 들고 뛰었다는 이야기가 전설처럼 전해 내려오기도 했다.

성신여대 여대생 사망 이후 수습을 마칠 때까지 병원의 응급실, 영안실 마와리를 걸러 본 적이 없다.

'강남 라인' 1진이던 2000년 4월 5일 자엔 대기업 고문과 부인이 서울 옥수동 아파트에서 함께 흉기에 목을 찔려 숨진 채 발견됐다는 기사를 단독으로 실었다. 같은 해 5월 8일 자엔 현대종합상사 사장이 한밤중 병원 주차장에서 괴한이 휘두른 흉기에 찔렸다는 사건을 단독으로 보도했다. 모두 '병원 마와리'의 힘이었다.

뒷이야기
기자 세계의 은어를 아세요?

📷

2014년 방영됐던 드라마 〈피노키오〉.

사회부 수습기자 4인방의 취재기를 다룬 드라마였다. 시경 캡, 1진, 마와리, '물 먹었다' 같은 기자들의 은어(隱語)가 대사로 등장했다. 제대로 씻지 못해 변기 물로 머리를 감는 설정 등 비현실적인 장면들이 눈살을 찌푸리게 했지만….

어느 분야든 자신들만의 용어가 있다. 언론계에도 기자들만 쓰는 은어가 존재한다. 다음은 〈미디어 오늘〉에 연재됐던 "언론계 은어"를 참고하여 정리한 것이다.

- 사츠마와리(察廻): 사건기자를 가리키는 일본어. 말 그대로 '경찰서를 빙빙 돈다'는 뜻이다. 언론계에서는 사건기자를 흔히 '기자의 꽃'이라고 한다. 사회의 여러 단면을 볼 수 있기 때문이다.
- 하리꼬미(はりこみ): 잠복해 감시한다는 뜻. 사츠마와리라 불리는 사건기자나 법조 출입기자, 정당 출입기자가 주로 이런 일을 맡게 된다. 우리말로는 '뻗치기'라 할 수 있다. C일보의 민완기자 L의 초년병 때 이야기이다. 검찰 수사 속보를 챙기기 위해 며칠 동안 새벽부터 H 검사의

집 앞에서 초인종을 눌러댔다. H 검사는 백일 된 첫아이를 잃은 직후였다. H 검사의 부인은 노이로제에 걸릴 지경이었다. H 검사는 L을 두고 두고 원망했다. 열심히 하는 것도 좋지만 취재원의 상황을 헤아릴 줄 아는 지혜도 필요하다.

- 나와바리(繩張): 기자는 모두 자기가 담당한 취재 영역에 따라 출입처나 구역을 맡게 된다. 이 영역을 일본어로 '나와바리'라 부른다.

- 도꾸다니(特種): 기자들이 가장 내고 싶은 것이 특종이다. 기자 사회에서는 특종을 '도꾸다니'라고 부른다. 일본어 '도꾸다네'의 변형 발음. 출입처에서 특종이 나오면 기자실은 발칵 뒤집어진다. 다른 기자는 썼는데 자신은 쓰지 못한 낙종(落種)은 '도꾸누끼'(獨拔き)라고 부른다. 같은 출입처 기자들 사이에서 누군가 특종을 하면 나머지 수십 명, 수백 명은 낙종을 할 수밖에 없다.

- 반까이(挽回): 낙종을 하는 경우에는 어떤 방식으로든 되갚아 줘야 한다. 이것을 일본어로 '반까이'라고 부른다. 내가 초년병 시절엔 낙종을 할 경우 반까이를 하기 전까지는 기자실에 들어가지 말고 죽어라 기사 '꺼리'를 발굴하라는 지침도 있었다.

- 야마(山): 수습 시절 선배들에게 가장 많이 들었던 말이 "야마가 뭔데?"였다. 언론계에서 가장 많이 사용하는 은어도 바로 '야마'이다. 사안의 핵심, 주제를 뜻한다. 야마는 일본어로 '산'이란 뜻이지만 그 유래를 정확히 아는 사람은 없다. 2008년 외교부 출입기자 시절 교류하게 된 일본 기자단에게 물어본 적이 있다. 그들은 "황당하다"고 했다. 일본어 '야마'에는 '핵심' 같은 뜻은 없다는 것이다.

- 우라까이: 기사 내용의 핵심을 베껴 쓰는 것을 기자 사회에서는 '우라까이 한다'고 말한다. '야마'와 마찬가지로, 일본 기자들은 '우라까이'라는 말을 쓰지 않는다. 일본어 '우라가에'(裏返, うらがえ)는 과거 빈곤한 시절에 낡은 양복을 뒤집어 수선해서 입는 것을 뜻했다. 우리나라는 '출입처'와 이에 등록하는 기자 시스템을 운용한다. 그래서 비슷한 내용, 비슷한 결의 기사도 많다.

- 풀(pool) 취재: 기자 사회에서 '풀'은 '대표선수 선발'을 뜻한다. 대통령 취재 등에서 기자들이 한꺼번에 몰려들 경우 경호나 행사 진행에 문제가 발생할 수 있기에 취재나 사진 촬영을 할 기자를 순번을 정해 선발하는 것을 뜻한다. 청와대의 '풀 단'은 PEN기자(방송과 통신), 방송기자, 사진기자(신문), 카메라기자(방송) 등 4개로 분류해 구성한다. 만약 풀 기자가 경험이 적거나 눈이 날카롭지 않으면 주요한 사안을 놓칠 수 있다. 이러면 모든 언론이 이를 놓치는 셈이다. 풀 제도는 실(實)도 있지만 허(虛)도 있다.

- 모찌: 제보를 뜻한다. '밖에서 가지고 들어오다'라는 뜻의 '모찌코미'(もちこみ)에서 유래한 것으로 알려져 있다. 모찌를 잘 챙기기 위해서는 평소 취재원 관리가 중요하다.

- 킬(kill): 보고한 취재 아이템에 기사 가치가 없다고 판단하여 버릴 때 사용되는 용어이다.

- 빨대: 기자 사회에서 '취재원'을 뜻하는 은어이다.

- 벽치기: 정치부 정당팀과 사회부 법조팀에서 주로 사용하는 취재 방법으로, 열린 문틈이나 벽에 귀를 대고 들려오는 소리를 엿듣고 단서를

파악하는 것이다. 자칫 오보로 이어질 수 있다.

• 물 먹다: '낙종했다'는 뜻의 은어. 2005년 대검찰청에 출입할 때다. 검사들과 출입기자들의 친선 축구시합에서 한 검사가 "물 먹고 합시다"라고 소리치자 기자들은 "죽어도 못 먹어요"라고 대꾸했다. 대검 대변인이 "음료수 마시고 뛰세요"라고 중재에 나서면서 휴식 시간이 성사되는 우스운 일도 있었다.

'낯선 고향친구'에게서 시작된 해외입양인 기획보도

1998년 12월 1일 ~ 2001년 6월 30일

사회부 사건기자였던 1998년 11월 중순, 입양인들이 모임을 만들어 조국을 배워 가고 있다는 기사를 신문에서 읽었다. 한 국회의원이 한국에 체류 중인 해외입양인 단체 GOAL(Global Overseas Adoptees' Link) 회원들과 간담회를 가졌다는 짧은 기사였다. 입양은 대부분 갓난아이 때 이뤄진다. 한국에 대한 추억은 고사하고 기억조차 없을 것이다. 무엇이 이들을 조국으로 돌아오게 했을까?

국회의원회관부터 찾아갔다. GOAL 창립을 주도했고, 집행위원을 맡고 있는 에이미 납스걸(당시 28세, 여)의 연락처를 받을 수 있었다. 11월 28일 오후 5시, 동숭동 대학로의 한 카페에서 에이미를 만났다. GOAL은 한 달에 두 번씩 모임을 갖고 입양인에 대한 자료 수집, 한국문화와 한국어를 배울 수 있는 장학제도 등을 논의하고 있다고 그는 소개했다.

"1971년 5월 28일 전북 익산 출생, 진인자, 전주고아원에서 미국 미네소타주 미네아폴리스로 입양." 그에 대해 남아 있는 입양기록은 이것이 전부였다. 입양기록상 "진인자"라는 한국인은 4살 때 미네아폴리스의 변호사 납스걸에게 입양돼 미국인 '에이미 납스걸'이 됐다.

나는 1972년 익산에서 태어나 전주에서 자랐다. 국적도, 사고방식도, 언어도 달랐지만 에이미는 고향 친구였다. 에이미는 입양기록만 들고 익산과 전주의 시청이며 경찰서를 10번 넘게 가 봤고, 두 도시의 고아원을 모두 찾아다녔다고 했다. 친부모 등 자신의 뿌리를 찾기 위해서였다.

에이미와 GOAL에 대한 기사는 1998년 12월 1일 자 사회면에 실렸다. 나와 전혀 관련이 없을 것 같았던 해외입양인의 존재는 에이미라는 '낯선 고향친구'를 통해 다가왔다.

그 뒤로 내게는 '해외입양인'들의 문의가 잇따랐다. 1976년 미국의 양부모에게 입양되면서 한국을 떠났다가 23년 만에 처음으로 모국 땅을 밟은 캐시 사커(여, 한국명 김순이), 미국으로 입양된 미 육군 대위 조나단 버틀러(1970년생, 한국명 정훈희), 벨기에로 입양된 조엘(1974년생, 여, 한국명 안성희), 입양인 출신으로 미국 주 상원의원에 당선된 폴 신[1]….

그들은 흉터나 화상과 같은 특이한 신체적 특징을 소중하게 생각했다.

---

1) 한국 이름 신호범. 고아였다. 한국전쟁 당시 미군 부대에서 허드렛일을 하다 18세에 군의관 레이 폴 박사에게 입양돼 미국으로 건너갔다. 독학으로 중·고교 과정을 마치고 대학에 진학했다. 교수로 재직하다 1992년 워싱턴주 하원의원에 당선됐고, 1998년 주 상원으로 무대를 옮겨 5선을 기록했다. 2014년 1월, 알츠하이머(치매)로 투병 중이라는 사실을 공개하고 정계를 은퇴했다.

가령 조나단 버틀러는 왼쪽 눈썹 바로 밑에 있는 긴 흉터와 오른쪽 발가락이 왼쪽 발가락에 비해 짧다는 점을 상세히 설명했다. 친부모가 흉터의 위치를 분명 기억할 것이며, 발가락의 특징도 유전에서 기인했을 것이란 게 그의 믿음이었다.

사실 서류에 담긴 기록은 2, 3줄이 전부였다. 조나단 버틀러만 해도 입양서류엔 "1975년 9월 용산구청에서 미아로 발견됨"이라고만 적혀 있다. '정훈희'라는 한국 이름 옆엔 "정확하지 않다"고까지 쓰여 있다. 여성 해외입양인들의 한국 이름에는 유독 '미아'가 많았다. 처음엔 영화배우 '미아 패로'처럼 한국 이름 같은 미국 이름이라고만 생각했다. 그러나 '미아'는 '길을 잃은 아이', '길에서 발견된 아이'란 뜻의 미아(迷兒)였다.

1999년 3월부터는 전국 232개 시·군·구 각 가구에 배포되는 반상회보에 가족을 찾는 입양인들의 사연이 실리게 됐다. 김충환[2] 서울 강동구청장이 고정란을 만들어 줄 테니 연재를 해 달라고 부탁을 해 온 것이다. 전국시장·군수·구청장협의회 공동회장 18명의 정례모임에서 내가 게재하고 있는 입양인 기사가 화제에 올랐다는 설명이었다. 2000년 1월에는 첫 상봉자도 나왔다.

2000년 3월 10일, 해외입양인 기획은 신문사의 연중 기획사업으로 채택됐다. 사회부 사건팀 영등포 라인(영등포-구로-양천경찰서-서울 남부지검 등) 담당 기자이던 나는 사회면에 고정 코너 "해외입양인-가족을 찾습니

---

2) 서울대 정치학과 12년 선배였던 이부영 추천으로 정계에 입문했다. 민선 서울 강동구청장을 세 번 지냈고, 17대 총선에서 '정치 스승'인 이부영을 꺾고 당선됐다.

다"를 연재하면서 7월부터는 매주 1개 면씩 미국, 프랑스, 스웨덴 등 현지 취재기까지 연재하게 됐다.

7월까지 남은 시간은 석 달. 사건기자로서의 일이 얼추 마무리되는 밤 10시 이후에는 미국, 프랑스, 스웨덴에서 어떻게, 누구를 취재할 것인지, 이동 동선은 어떻게 효율적으로 짤지, 매주 비슷비슷한 내용이 되지 않도록 어떻게 갈래를 칠지 등을 결정해야 했다. 이동 거리가 길고 혼자서 모든 일을 해야 함을 감안하면 사실상 취재는 국내에서 마치고 현지에선 사진을 촬영하고 기사에 현장성을 가미하는 정도만 해야 한다는 답이 나왔다.

1958년부터 1998년까지 해외로 보내진 우리 아이들은 14만 2천여 명. 국가별로는 미국(8만 7천여 명), 프랑스(1만여 명), 스웨덴(8천여 명) 등의 순서였다. 3개국을 대상으로 하되, 미국은 서부와 중·동부로 나눴다. 지역별로 동선을 짜고, 대상자를 정해 해당 기간 중 인터뷰 및 취재가 가능한지 묻기로 했다.

시리즈는 연말까지 18회를 목표로 했다. 각 회마다 다른 주제를 담아야 한다는 것이 쉽지 않았다. 또 '해외입양'이란 아이템이 하늘에서 갑자기 뚝 떨어진 듯 완전히 새로운 것이 아니라는 점도 난제였다. 준비 작업은 그간 보도됐던 해외입양 관련 기사를 모두 찾아 읽고, 메모하는 것에서부터 시작됐다.

1차 취재 구간인 미국 서부로 떠나기 직전에서야 시리즈의 틀이 완성됐다.

1. 홀트 헤리티지 캠프를 가다(오리건)

2. 샛별전통예술단과 폴 신 워싱턴주 상원의원(워싱턴)

3. 한국서 4남매 입양한 한센 씨 가정(워싱턴)

4. 입양인 출신 한인입양홍보회 회장 스티브 모리슨과 입양 실태(캘리포니아)

5. 입양 나선 교민 사회(캘리포니아)

6. 장애인 6남매 입양한 밥 킹과 장애인 입양 실태(캘리포니아)

7. 브라이언 성덕 바우만(미네소타)

8. 입양인들의 '대물림 입양'(미네소타)

9. 입양인들의 정체성 혼란(미네소타)

10. DJ가 기억하는 레나 킴(스톡홀름)

11. 서러운 조국의 냉대(미네소타)

12. 선진 외국의 입양정책(미네소타+파리+스톡홀름 종합)

13. 양부모가 펴내는 계간신문 〈KOREA〉(미네소타)

14. 《피는 물보다 진하다》 출간한 스웨덴 입양인과 수잔 브링크(스톡홀름)

15. 한국에서 아이 둘 입양한 얼 파머로이 미 연방 하원의원(워싱턴 DC).

16. 프랑스 입양인 모임 '한국의 뿌리'(파리)

17. 웁살라 대학의 한국어과(스톡홀름)

18. 부부된 입양인 이삼돌과 김선경(스톡홀름)

수잔 브링크는 1989년 MBC 교양프로그램 〈인간시대〉를 통해 알려진 인물이다. 세 살 때 스웨덴의 항구도시 노르최핑에 입양된 뒤 정체성으로 인한 방황, 그로 인한 수차례의 자살 기도, 가출 등을 거쳐 미혼모가

2000년 7월 27일 찾아간 미국 미네소타 파인시티 브라이언 성덕 바우만의 집. 양부모 일레인(왼쪽)과 스티브는 1977년 9월 브라이언을 입양했다. 대구에서 미혼모의 아들로 태어난 브라이언은 4살이었다. 여행 가방 하나를 40년 넘도록 쓰던 '구두쇠' 부부가 친자식을 셋이나 두고서도 당시 5천 달러가 넘는 거액을 들여 브라이언을 입양한 데는 고귀한 뜻이 있었다. "부모의 보살핌이 필요한 아이에게 가정을 만들어 주자"는 게 결혼 약속이었던 것. 브라이언은 고교 때 미 전체 상위 1%에 들었고, 파인시티에서 최초로 공사에 합격했다.

됐다. 그의 이야기는 1990년 장길수 감독의 영화 〈수잔 브링크의 아리 랑〉으로도 만들어져 많은 사람들의 눈물을 자아냈다.

그로부터 10년, 그녀가 어떻게 살고 있는지 소개할 필요가 있었다. 수 잔 브링크는 스웨덴의 한인교회에서 입양인들을 선도하는 선교사로 헌 신하고 있었다.

브라이언 성덕 바우만 역시 한국인들에게 낯익은 이름이다. 미 공군사 관학교 졸업을 7개월 앞둔 1995년 10월, 비행실습 도중 현기증을 느끼고 비상착륙했다. 병원은 '만성골수성 백혈병'이라고 진단했다. 양부모는

20년간 덮어뒀던 입양서류를 들춰내 미네소타 아동복지회로 달려갔고, 한국과 미국 두 나라가 손을 잡으면서 브라이언의 생명을 건질 수 있었다. 브라이언은 1996년 7월, 한국의 젊은이 서한국 씨(당시 27세)의 골수를 이식받아 생명을 건졌다. 생모와 이복누나도 만날 수 있었다.

그의 양부모를 만나 브라이언이 어떻게 생활하는지 소개하는 것도 의미 있다고 판단했다. 브라이언은 골수 이식 1년 뒤인 1997년 8월 공사에 복귀해 1998년 5월 졸업했다. 동급생들보다 2년 늦은 졸업식이었다. 그러나 병력(病歷) 때문에 파일럿 임관은 거부됐고, 텍사스의 첨단컴퓨터 회사에서 엔지니어로 일하고 있었다.

만 4년간의 사회부 사건기자 시절. 그중 3년 동안 '입양'과 관련된 기사를 발굴, 연재, 기획했다. 해외 취재를 다녀온 뒤에는 국내 입양을 소개하고, 독려하는 쪽에 무게를 실었다. 우리 아이들을 해외로 보내는 것은 마음 아픈 일이지만, 아이들에게는 부모가 필요하다. 그러니 우리 아이들을 우리가 거두어 키우는 것이 가장 바람직한 것이다.

입양은 오랜 역사가 있으니 만큼 새로운 뉴스는 아니었다. 그러나 어떻게 접근하고 풀어나가는지에 따라 새로운 뉴스가 되기도 한다. 입양인 취재가 내게 남겨준 소중한 교훈이다.

1998년부터 2001년 6월까지 나는 주중엔 사건기자, 주말엔 입양 전문기자로 살았다. 기자는 사회의 비리를 파헤치고 싸우는 '독한 직업'이다. 그러나 우리 사회가 미처 보지 못한 그늘진 곳, 소외된 사람들에 대한 관심을 불러일으킬 수 있는 '착한 직업'이기도 하다.

브라이언 성덕 바우만의 어머니 일레인이 한국인들에게 보낸 편지

📷

한국의 가족과 친구들에게.

사랑하는 아들에게 위기가 닥쳤다는 것은 정말 힘겨운 일이었습니다. 하지만 고난을 극복하면서 브라이언과 우리 가족은 사랑을 배웠습니다.

브라이언은 생사의 갈림길을 극복하면서 더 훌륭하고 용감한 젊은이가 됐습니다. 친어머니를 만난 것도 커다란 행운이라고 믿고 있습니다.

브라이언은 정말 잘 지내고 있습니다. 건강을 되찾았고, 무사히 공군사관학교를 졸업했습니다. 자신의 일을 갖고 있습니다. 그리고 한국에 계신 많은 분들에게 대신 안부를 전해 달라는 이야기도 했습니다.

우리 가족 모두는 브라이언의 친가족과 많은 한국인 친구들을 통해 진정한 한국인 가족으로 거듭났다고 생각합니다. 한국과 한국인 친구들에게 하나님의 축복이 늘 함께 하시기를 바랍니다.

베키, 신디, 더그, 스티브, 일레인 바우만 올림.

| 미련 곰탱이 수습기자 시절

수습 생활 사흘째였던 1996년 1월 5일, 기자가 되고 맞는 첫 번째 토요일이었다.

한 기수 위 선배들에 이끌려 승합차에 올라탔다. 목적지는 우이동 산자락의 한 민박집. 얼마나 추운지 민박집 마당 모래알은 구슬 아이스크림이 엉겨 붙어 있는 것 같았다. 선배들이 마련한 환영식에서는 난생 처음 폭탄주를 만났다. '어떻게든 버틴다'는 각오와는 달리 얼마 지나지 않아 뻗어 버렸다.

다음날 새벽, '기상'을 알리는 고함소리에 간신히 눈을 떴다. 머리는 지끈지끈, 속은 울렁울렁했다. 오른쪽 종아리가 욱신욱신하고 쿡쿡 쑤셨다. 어찌된 일인지 바짓단 한쪽이 둘둘 말려 올라간 오른쪽 종아리엔 지름 10센티미터 정도의 물집이 부풀어 있었다. 화상(火傷)이었다.

속에서 치밀어 오르는 열기와 바닥 열기를 이기지 못해 나도 모르게 바지 한쪽을 걷어 올린 듯했다. 장작을 아끼지 않은 덕분에 바닥은 절절 끓고 있었다.

할당된 라인의 사건·사고, 대형 병원 응급실과 영안실 상황, 이튿날의 일정을 챙겨 새벽 5시 30분 1진 선배에게 1차 보고를 해 봐야 돌아오는 건 "확인해 봐", "다시 보고해" 등의 질타였다. 언제부터인가 화상을 입은 오른쪽 종아리에선 누런 진물이 흘러내렸지만, 약국에서 압박붕대를 사서 동여매고 다녔다. 군기도 셌지만, 알량한 자존심에 아프다고 말하기가 면구스러웠다.

3월 첫째 주, 수습 교육이 1주일 중단됐다. 한국기자협회의 실무교육 덕분이었다. 첫째 날 프레스센터에서 교육을 마치고 남대문경찰서 바로 뒤 작은 병원을 찾았다. 희한하게도 프레스센터에서 가장 가까운 경찰서였던 남대문경찰서부터 찾아갔던 것이다.

나이 지긋한 의사는 환부를 보자마자 깜짝 놀랐다. 3도 화상으로 진피(眞皮)가 날아갔는데, 치료를 받지 않고 방치해 살이 썩어 들어가고 있다는 얘기였다. 당장 큰 병원에 가서 피부이식을 받아야 한다고 했다. 나는 망연자실했다.

일단 회사에 복귀해 시경 캡에게 자초지종을 설명했다. 8년 선배인 Y는 산전수전을 거친 노련한 선배였지만, 놀란 표정이 역력했다.

다음날 새벽, 부모님이 있는 전주를 향해 고속버스에 몸을 실었다. 도착하자마자 전북대병원을 찾아갔다. 메스로 썩은 살을 긁어내고 소독을 하며 생살이 돋기를 얼마간 기다렸다가 엉덩이 쪽에서 진피를 떼 이식해야 한다는 진단을 받았다.

가장 괴로운 건 아침 회진이었다. 어떻게 종아리 한복판에 3도 화상을 입을 수 있는지, 어떻게 알아차리지도 못했는지 등의 질문 공세가 이어졌다. '동물원 원숭이'가 따로 없었다. 하지만 폭탄주 사고라는 걸 어떻게 말하겠는가.

난생 처음 전신마취를 하고 수술을 받았다. 3월 마지막 주가 되어서야 퇴원할 수 있었다. 이식 부위에는 5만 원짜리 특수고무판을 대고 압박 붕대를 감는 등 사후관리가 중요하다는 주의사항을 들었다. 원래 형태보다 살이 더 차오르는 걸 막아야 한다는 것. 퇴원 다음날 곧바로 상경해 회사에 복귀 신고를 했다. 한 달 만이었다.

시경 캡 Y는 근엄하게 말했다. "상대적으로 편한 중부 라인에 보내겠다. 단, 꾀를 부린다면 용서하지 않겠다."

하지만 하루 20시간쯤의 일과를 끝내고 남대문경찰서 2진 기자실에 들어가 살펴보면 오른쪽 종아리에 붙여 두었던 특수고무판은 온데간데없이 사라져 있곤 했다.

업무 복귀 1주일 뒤인 4월 5일. 나는 또 한 번의 대형 사고를 쳤다. 중앙 언론사 사건기자 전원이 참여하는 '사츠마와리 체육대회'에서였다.

체육대회 종목은 축구. 여기자는 드물었지만, 그렇다고 해서 열외는 없었다. 정신없이 달리고, 정신없이 차내고. 갑자기 몸 쪽으로 날아오는 강슛을 엉겁결에 왼손으로 쳐냈다. 엄청난 아픔을 느끼고 왼쪽으로 넘어지며 팔을 디디는 순간, 뭔가 잘못됐다는 느낌이 왔다.

다음날 아침 간신히 마와리를 돌고 1차 보고를 끝냈다. 왼쪽 손가락은 모조리 퉁퉁 부어 있었다. 불어 터진 막대어묵 다섯 개를 세워 놓은 것 같았다. H신문 수습 Y가 물었다. "밤새 끙끙 앓던데 괜찮겠느냐"고. 한 달여 전에 들렀던 남대문서 근처 병원을 다시 찾아갔다.

나이 지긋한 그 의사는 이번에도 깜짝 놀랐다. 엑스레이 촬영 결과 왼손의 뼈 2군데가 부러져 있었다. 엄지와 검지가 만나는 지점을 정확하게 공이 강타해 2군데가 부러졌고, 그 충격으로 접질린 손목에도 금이 갔다는 것이었다.

왼팔꿈치에서부터 손가락 끝까지 깁스를 해야 했다. 아찔하도록 선명한 초록색 테이프가 칭칭 감겼다. 전치 3개월이라 했다. 의사는 "손가락이 부으면 뼈가 잘 붙지 않을 수 있으니 왼손을 심장 위로 올려야 한다"며 목에 끈을 달아 줬다.

특수고무창을 대고 압박붕대를 칭칭 감은 오른쪽 다리는 코끼리 다리 같았다. 여기에 왼팔은 뚜렷한 초록색으로 깁스해 오른팔 쪽으로 얹혀 있었다. 그날 저녁 회사에 들어가자 편집국 사람들의 시선이 모두 내게 꽂혔다. 부끄러워 죽고 싶을 정도였다.

가뜩이나 씻기 어려운 환경에, 더워지는 날씨 속에서 수습을 마칠 때까지 나의 모양새는 변함이 없었다. 하루 종일 부대껴야 하는 경찰서의 형사들은 워낙 인상적인 모습에 내 이름은 잊어버리질 않았다.

깁스를 한 왼팔에 취재수첩을 끼워 넣어 수사 상황을 받아 적고, 한 손 타자로 기사 연습을 해 가며 수습을 무사히 마칠 수 있었다. 왼팔의 깁스를 푼 것은 탈(脫)수습 한 달 뒤였다.

미련 곰탱이 수습이 올챙이 기자가 될 때까지 선배들은 매순간 노심초사하며 마음을 졸였을 것이다. 시경 캡이던 Y 선배, 바이스 캡이자 수습 기간 내내 1진이었던 O 선배 등 여러 선배들에게 감사한 마음을 전한다.

"사랑합니다, 존경합니다, 변함없이."

뒷이야기
시경 캡의 책에 등장한 나

📷

시경 캡은 사회부 사건팀을 건사하고 지휘하는 야전사령탑이다. 수습을 가르치는 일도 오롯이 시경 캡의 몫이다. 시경 캡이었던 Y는 수습 시절 '꼴통'이었던 나를 기자로 만들기 위해 6개월 내내 노심초사했다.

1996년 5월 중순, 라인의 경찰서를 다 돌고 파출소에 들러 전언통신문을 점검하던 중이었다. "탈영병 K2 소총 들고 연신내 방향으로 도주"란 글자가 눈에 확 들어왔다. 경기도 서부전선의 한 사단에서 무장 탈영이 일어났으니, 은평·서부·서대문 3개 경찰서는 즉각 연신내에 검문소를 설치하라는 내용이었다.

타사 기자들에게 "기삿거리 뭐 있더냐"고 떠 봤더니 탈영병 소식을 전혀 모르는 눈치였다. 의기양양하게 1진 기자에게 전화를 걸어 "단독입니다!"라고 힘줘 강조한 뒤 상황을 보고했다. 1진 선배는 시경 캡 Y가 보고 시간과 보고 시간 사이에 잠깐 목욕탕에 간 걸 확인하고는 목욕탕으로 전화를 걸었다.

Y는 '단독'이라는 말을 듣자마자 탕에서 곧장 뛰어나와 서울경찰청 기자실로 복귀했다. Y는 기사를 쓰기 전 서울경찰청 간부들에게 사실 확인을 요청했다. 하지만 모두들 "금시초문"이라고 하는 것 아닌가.

나는 다시 파출소를 찾았다. 전언통신문의 내용을 한 번 더 확인하라는 지시 때문이었다. 문제의 전언통신문은 그대로 있었다. 그런데 아뿔싸, 해당 전언통신문 맨 마지막 단락에 "훈련상황"이라는 문구가 있는 것 아닌가. 눈앞이 캄캄했다.

다 죽어 가는 얼굴로 저녁 회의에 참석했다. 그러나 Y는 아침에 있었던 상황을 있는 그대로 옮긴 뒤 질책 대신 칭찬을 곁들였다. 그것도 수습, 1진 기자가 모두 모인 앞에서.

"조수진은 매일 아침 빠뜨리지 않고 파출소의 전언통신문까지 점검하고 있다. 모두들 성실한 기자가 되어 주길 바란다."

Y가 2001년 4월 출간한 에세이집에 내가 등장하기도 했다. 일부를 옮겨 본다.

고추만 달고 태어났더라면 장군감인 여기자가 있었다. 이 여기자는 불의를 보면 물불을 가리지 않아 웬만한 남자 기자 서너 명보다도 취재원들을 몰아붙이는 데 일가견이 있었다. 연세대 앞에서 시위를 취재하던 중 기자들을 현장에서 격리시키려는 전경들이 타 신문사 여기자를 끌고 가면서 신체의 일부를 만졌다는 소리를 듣게 됐다. 자기가 당한 것처럼 화가 난 여기자는 일정한 거리를 두고 대치 중인 시위대와 전경들 사이로 뛰어들어 고래고래 소리를 지르며 닥치는 대로 전경들을 몰아쳤다.

방관하던 동료 기자들까지 합세하며 길길이 날뛰는 바람에 전경들은 움츠러들었고 현장 책임자로부터 "뭔가 오해가 있었던 같다. 미안하다"는 사과까지 받아 냈다. (중략)

여기자가 시위 현장에서 전경들을 몰아붙이던 모습을 비디오(경찰의 체증용 녹화 테이프)로 보게 된 다른 언론사 시경 캡들은 "저런 후배를 데리고 있으면 써먹을 데가 많겠다"며 한마디씩 했다. 후배 여기자를 잘 둔 덕에 다른 시경 캡들의 부러움을 사게 된 것이다.